ZHONGGUO
DUANQI GUOJI ZIBEN LIUDONG
CESUAN JIQI YINGYONG YANJIU

中国短期国际资本流动测算及其应用研究

石峻驿 ◎ 著

中国财经出版传媒集团

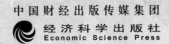

经济科学出版社
Economic Science Press

图书在版编目（CIP）数据

中国短期国际资本流动测算及其应用研究/石峻骅著.
—北京：经济科学出版社，2018.9
ISBN 978 - 7 - 5141 - 9670 - 2

Ⅰ.①中…　Ⅱ.①石…　Ⅲ.①国际资本 - 资本流动 -
测算②国际资本 - 资本流动 - 应用 - 研究　Ⅳ.①F831.7

中国版本图书馆 CIP 数据核字（2018）第 194829 号

责任编辑：孙丽丽　郎　晶
责任校对：郑淑艳
责任印制：李　鹏

中国短期国际资本流动测算及其应用研究

石峻骅　著

经济科学出版社出版、发行　新华书店经销
社址：北京市海淀区阜成路甲 28 号　邮编：100142
总编部电话：010 - 88191217　发行部电话：010 - 88191522
网址：www. esp. com. cn
电子邮件：esp@ esp. com. cn
天猫网店：经济科学出版社旗舰店
网址：http://jjkxcbs. tmall. com
北京季蜂印刷有限公司印装
710×1000　16 开　11.75 印张　180000 字
2018 年 10 月第 1 版　2018 年 10 月第 1 次印刷
ISBN 978 - 7 - 5141 - 9670 - 2　定价：42.00 元
（图书出现印装问题，本社负责调换。电话：010 - 88191510）
（版权所有　侵权必究　打击盗版　举报热线：010 - 88191661
QQ：2242791300　营销中心电话：010 - 88191537
电子邮箱：dbts@ esp. com. cn）

前　言

从 20 世纪 90 年代开始，随着信息技术与网络技术的快速发展，世界经济发展日益全球化。各种商品、服务、生产要素（资本、劳动、技术）与信息的跨国界流通规模不断增加，形式日益多样化；通过国际分工，各种资源和要素得以在世界范围内进行资源配置，使得各国经济相互依赖程度日益深化。具体来说，经济全球化的快速发展主要表现在以下三个方面：一是贸易全球化发展迅速；二是跨国公司发展迅速；三是金融全球化发展迅速。

与经济全球化快速发展相伴的是，金融危机的发生也日益频繁。我们收集了相关的文献资料，统计发现 1991 ~ 2000 年的 10 年时间里，银行危机发生的次数高达 45 次，几乎平均每年发生 4.5 次，涉及的国家和地区也高达 32 个。2000 ~ 2009 年的 10 年时间里共计发生货币危机 24 次，平均每年达到 2.4 次，涉及的国家和地区有 21 个。如此密集的危机发生，背后离不开国际资本流动的影子。国际资本流动的不确定性容易带来诸多影响，既有正面的也有负面的，有短期的也有长期的，相关政府决策部门需要引起高度重视。与长期国际资本流动相比，短期国际资本流动被普遍认为波动性较强、流动规模变化大、流动方向容易逆转，进而对一国实体经济与金融市场容易带来负面影响（张明，2011）。毫无疑问，对短期国际资本流动进行测算具有重要的现实意义；而对测算结果进行先行性研究和预测应用研究，则在经验研究方面具有一定的探索性。

本书是作者从 2012 年开始研究短期国际资本流动的一个阶段性成果。刚开始进入这一领域的研究是懵懂和无知并遭受质疑的。但由于是兴趣导向和问题导向，因此，一切世俗的眼光到我这里便汇聚成了正能量，激发着我不断深入、大胆而又谨慎地求索。通过对现有的资本流动测算方法进行系统的比较研究，本书提出了改进的短期国际资本流动测算方法，并对这一改进的测算方法从理论逻辑和现实经验上进行了论证。这是令我感到欣慰和激动的。

本书的研究区别于其他现有研究的地方主要体现在以下四个方面：第一，论证了直接法和间接法的关系，并据此设计出基于 BOP 的中国短期国际资本流动测算方法。第二，基于 CS 架构开发了中国短期国际资本流动规模的测算的单机版软件系统。第三，对短期国际资本流动与中国宏观经济的时滞关系进行了定量与定性分析。第四，基于机器学习模型，对短期国际资本流动规模进行了预测分析。

全书共计包含 8 章。第 1 章为绪论，主要介绍了三个选题背景、选题意义、短期国际资本流动的定义等内容。第 2 章为国际资本流动数据的基础——国际资本流动统计。第 3 章为短期国际资本流动测算方法及其改进。第 4 章为中国短期国际资本流动的测算及其检验。第 5 章为短期国际资本流动测算系统及其开发（本章的程序开发工作由我指导我的研究生练泽锷完成，思路由我提出，开发由练泽锷完成，最后由我修改完成）。第 6 章为短期国际资本流动应用研究之前提——影响因素分析（本章部分内容由我指导我的研究生练泽锷完成，最后由我修改完成）。第 7 章为短期国际资本流动应用研究之———先行性分析。第 8 章为短期国际资本流动应用研究之二——预测分析（本章的程序计算工作由我指导我的研究生周妮文完成）。

本书的出版得到了国家社会科学基金重大项目"政府债务管理及风险预警机制研究"（14ZDA047）、全国统计科学研究计划项目"大数据背景下新常态经济预测方法及应用研究"（2016LZ27）的支持。

目 录

第 1 章

绪　论

1.1　引言

1.1.1　选题背景

1. 经济全球化发展日益深化

从 20 世纪 90 年代开始，随着信息技术与网络技术的快速发展，世界经济发展日益全球化。各种商品、服务、生产要素（资本、劳动、技术）与信息的跨国界流通规模不断增加，形式日益多样化；通过国际分工，各种资源和要素得以在世界范围内进行资源配置，使得各国经济相互依赖程度日益深化。显然，经济全球化的产生和发展带有一定的必然性。第一，科技革新（尤其是信息技术与网络技术的快速发展）为经济全球化提供了内在动力引擎；第二，交通工具和通讯方式的不断革新为经济全球化提供了基本的技术手段，使得要素与商品流通、信息交流与沟通变得更加便捷；第三，冷战时期的世界两极政治格局的结束为经济全球化消除了体制上的障碍，使得多种不同区域的经济合作发展成为可能；第四，越来越多的国家采用市场经济体制也为经济全球化提供了发展的基础；第五，跨国公司的快速发展为经济全球化提供了有效的载体。

具体来说，经济全球化的快速发展主要表现在以下三个方面。

一是贸易全球化发展迅速。1947 年关税及贸易总协定（General Agreement on Tariffs and Trade，GATT）由 23 个国家发起成立，承诺在国际贸易中遵循 GATT 的规定并于 1948 年 1 月 1 日正式生效；1996 年世界贸易组织（World Trade Organization，WTO）正式取代 GATT①，成为多边贸易体制新的运行基础和法律载体。2011 年，俄罗斯成为 WTO 的第 153 个正式成员，自此 WTO 成员的数量占全球 206 个国家和地区（以纳入联合国为统计标准）中的近 75%。参加 WTO 多边贸易的国家和地区数量从最初的 23 个增加到 2011 年的 153 个，增长近 7 倍。除了参加 WTO 的成员数量增加快速，覆盖范围广泛之外，全球贸易总额的增速也非常迅速，占 GDP 的比重日益扩大。根据作者从 WTO（世界贸易组织）网站（www. wto. org）的最新检索信息（2015 年 11 月 28 日检索）显示，2014 年全球商品与服务贸易总额为 23.87 万亿美元，与 WTO 正式运行的前一年 1995 年的贸易总额 6.34 万亿美元相比，增长了 276%；与 GATT 正式运行的 1948 年的 580 亿美元相比，2014 年全球贸易总额则增长了近 410 倍。全球贸易总额占世界 GDP 的比重则从 1995 年的 20% 上升到 2014 年的 30%。需要注意的是，尽管全球贸易发展不管是在参与成员的数量上还是贸易总额上都增长迅速，但全球贸易发展受金融危机等的影响，贸易总额的增长出现比较大的波动。根据 WTO 网站的最新统计表明，过去的二十多年时间里，全球贸易总额受到 1997 年亚洲金融危机、2001 年互联网泡沫、2008 年全球金融危机的影响，先后在 1998 年、2001 年和 2009 年出现了负增长。其中 2009 年的负增长最为严峻，与上一年比，2009 年全球商品贸易总额下降了 22%，全球服务贸易总额下降了 9%；全球贸易总额占全球 GDP 的总额由 2008 年的 31% 下降为 2009 年的 26%，锐减了 5 个百分点，尽管这一比值在 2010 年和 2011 年有所恢复，但仍然低于 2008 年的 31%，而 2012 ~ 2014 年也一直在 30% 附近徘徊，并且该比值从 2012 年开始逐渐走低。

二是跨国公司发展迅速。跨国公司在经济全球化发展中扮演者十分重要的角色，已经成为全球范围内配置资源的核心力量，在世界生产、贸

---

① 从 GATT 到 WTO 的变迁，标志着 1944 年布雷顿森林会议所设想的世界经济秩序三大支柱世界银行（WB）、国际货币基金组织（IMF）和世界贸易组织（WTO）成为现实。

易、投资和技术研发上均居于主要地位。20 世纪末，跨国公司纷纷将自己的多国发展战略调整为全球发展战略，据统计，从 1995 年到 2004 年的 10 年间，全球 100 家大的跨国公司的跨国指数则从 48.9% 提高到 56.8%（刘伟，2009）。除了跨国公司的全球化程度在提高之外，跨国公司的数量、规模、技术等都在快速发展，在全球经济中发挥着越来越重要的作用。联合国贸易和发展会议公布的《1993 年世界投资报告》显示，1992 年全球共有 37000 家跨国公司。而《2002 年世界投资报告》则显示 2001 年全球跨国公司约有 65000 家，10 年数量增长约 76%；这些公司控制了当时世界生产总值的 40% ~ 50%，国际贸易的 50% ~ 60%，国际技术贸易的 60% ~ 70%，产品研究和开发的 80% ~ 90%，以及对外直接投资的 90%。此外，在所有跨国公司中，国有跨国公司的发展也非常迅速。联合国贸易和发展会议公布的《2014 年世界投资报告》显示，2013 年发展中国家和发达国家至少有 550 家国有跨国公司，尽管其数量不到所有跨国公司总数的 1%，但其直接海外投资在 2013 年超过 1600 亿美元，占全球直接海外投资流动量的 11%；《财富》杂志公布的 2014 年全球 500 强[①]的前十名中，中国的中石化、中石油和国家电网均为国有，排在第 8 名的德国大众公司 60% 的股权由政府持有（其中联邦政府持有 40%、所在州政府持有 20%）。联合国贸易和发展会议最新公布的《2015 年世界投资报告》显示，跨国公司的国际生产在 2014 年有所上涨，其对外销售和资产的扩张速度比他们的国内同行要快，跨国公司的外国子公司共有 7500 万人就业，去年在全球创造了 400 万个就业机会。可以预见，在未来的全球经济发展中，跨国公司所起的作用将越来越重要。

三是金融全球化发展迅速。对于金融全球化的定义有趋势论、过程论、一体化论、核心论等，尽管目前对金融全球化的定义还存在着一定的争论，但金融全球化的事实已经发生。首先，资本流动全球化发展迅速。以国际债券市场的融资规模（主要包括银行贷款、票据融资和债券发行三项业务的融资额）为例，1973 年其规模为 622 亿美元，1979 年为 1450 亿

---

① 《财富》杂志公布的 2015 年全球 500 强企业中美国、中国、日本、法国、英国、德国、韩国、荷兰、瑞士和加拿大十个国家拥有的企业数量占了 500 强总数的 85% 以上。

美元，年均增幅为 15%；进入 20 世纪 90 年代后，由 1990 年的 4276 亿美元增加到 1996 年的 15139 亿美元，年均增幅高达 23.5%；从 1996 年的 1.5 万亿美元增加到 2006 年的 65.8 万亿美元，10 年年均增速高达 45.9%。再从共同基金的融资规模来看，美国 1970 年共同基金数为 400 个，资产总额约为 448 亿美元；到 1994 年则相应增加到 5300 个和 21000 亿美元（弗朗索瓦·沙奈，2006）。而美国投资公司协会发布的《投资公司白皮书》（*Investment Company Fact Book*）上 2013 年的数据显示，到 2013 年则相应增加到 8752 个和 14.7 万亿美元（美国 14.7 万亿美元的共同基金规模约占全球共同基金规模的 54.8%）。其次，金融机构全球化的发展也非常迅速。20 世纪 90 年代，世界是一些国家先后不同程度放松了对外国金融机构在本国从事金融业务或设立分支机构的限制；1997 年末，世界贸易组织成员签署"金融服务协议"，把允许外国在其境内建立金融服务公司并将按竞争原则运行作为加入该组织的重要条件，进一步促进了各国金融业务和机构的跨国发展。随着近年全球竞争的加剧和金融风险的增加，国际金融市场掀起了声势浩大的跨国购并（即兼并和收购）浪潮。据统计在 2000 年以资产排名的世界 1000 家大银行中，前 25 家大银行的资产占 1000 家银行资产的 40%，而 1996 年仅为 28%（弗朗索瓦·沙奈，2006）。最后，金融市场发展越来越趋于全球化。信息通讯技术的高度发达和广泛应用，使得全球金融市场走向金融网络化，即全球金融信息系统、交易系统、支付系统和清算系统的网络化。目前，全球外汇市场和黄金市场已经实现了每天 24 小时连续不间断交易。世界上任何国家有关汇率的政治和经济信息，几乎能够同步显示在任何地区的银行外汇交易室的电脑网络终端显示器上；不同地区以亿美元为单位的外汇交易在数秒钟之内就可以完成。

需要注意的是，经济全球化虽然加速了世界经济的融合与发展，但同时也加剧了全球竞争中的利益失衡。发展中国家虽然一方面可以通过吸引外资、技术、先进的管理经验，开拓国际市场，使其经济得到快速发展；但另一方面也面临着空前的压力和挑战，如中国发展中的环境污染问题、非洲发展中的粮食短缺问题、南美洲的毒品泛滥问题、中东地区的恐怖活动猖獗问题、发展中国家与发达国家的贫富差距日益扩大问题，以及多次反复发生的金融危机问题等，这些都是未来全球经济深化融合中人类需要共同面对和解决的重大问题。

2. 金融危机频繁发生

金融危机一般指的是金融资产或金融机构或金融市场的危机，具体可表现为金融资产价格大幅下跌、金融机构倒闭、货币大幅贬值等。《新帕尔格雷夫经济学大辞典》中对金融危机定义为：全部或大部分金融指标——短期利率、资产（证券、房地产、土地）价格、商业破产数和金融机构倒闭数的急剧、短暂和超周期的恶化。从更为宽泛的意义上讲，金融危机可以理解为与货币、资本相关的活动运行出现了某种持续性的矛盾，如票据兑现中出现的信用危机、买卖脱节造成的货币危机等。金融危机主要包括货币危机、债务危机、银行危机三种大的类型。需要注意的是，金融危机虽然不同于经济危机，但二者之间有着密切的联系。"金融"往往是以货币和资本为核心的系列经济活动的总称，而"经济"则主要包括生产与消费两大环节；一般来说，大部分经济危机都伴随着金融危机，在经济危机发生之前，往往会先出现一波金融危机，主要原因在于随着货币和资本被引入消费和生产过程，消费、生产与货币、资本的结合越来越紧密。

我们根据苏同华（2000）、卡门等（Carmen et al.，2008）、卡明斯基（Kaminsky，2006）、西尔维斯特等（Sylvester et al.，2012）等研究，对金融危机的发生时间进行了统计，从统计结果来看，金融危机从19世纪初以来就一直频繁发生。二战以后更是每隔4~10年就会爆发一次。表1-1统计了1805年以来世界各国所爆发的银行危机。表1-2统计了1970年以来世界各国所爆发的货币危机。从表1-1可以看出，1805~1854年的50年时间里，共计发生银行危机22次，平均大约每2.5年发生一次；1855~1904年的50年时间里，银行危机共计发生39次，平均大约每1.2年发生一次；1905~1954年的50年时间里，即使在包含了两次世界大战的情况下，银行危机也共计发生了29次，平均大约每1.8年发生一次；1955~1990年的36年时间里，银行危机总计发生34次，几乎平均每年就有一个国家发生一次，涉及的国家和地区范围也高达24个；1991~2000年的10年时间里，银行危机发生的次数更是高达45次，几乎平均每年发生4.5次，涉及的国家和地区也高达32个。显然，过去200多年来，银行危机就从来没有间断过，并且发生的频率在 20 世纪末达到平均每年发生 4.5 次超高水平。

表 1 – 1　　　　　　　　　1805 年以来的银行危机统计

时间	1805 ~ 1854 年	1855 ~ 1904 年	1905 ~ 1954 年	1955 ~ 1990 年	1991 ~ 2000 年	2001 ~ 2010 年
危机次数	22 次	39 次	29 次	34 次	45 次	5 次
发生地区	英、法等 9 个国家	法、德等 18 个国家	美、日等 21 个国家	美、德等 24 个国家（地区）	俄、日等 32 个国家（地区）	美、英等 6 个国家

注：（1）本表由作者根据相关文献整理得到。（2）危机次数统计以"一个国家一年发生 1 次记为 1 次"为准则（即以每国每年发生次数为统计单位）。

从表 1 – 2 中货币危机的统计可以看出，20 世纪 70 年代的 10 年时间里，共计发生货币危机 26 次，平均每年高达 2.6 次，涉及的国家和地区有 17 个；1980 ~ 1989 年的 10 年时间里，共计发生货币危机 36 次，平均每年发生危机 3.6 次，涉及的国家和地区有 18 个；而 1990 ~ 1999 年的 10 年时间里，共计发生货币危机高达 45 次，平均每年发生 4.5 次，涉及的国家和地区也高达 27 个；2000 ~ 2009 年的 10 年时间里共计发生货币危机 24 次，平均每年达到 2.4 次，涉及的国家和地区有 21 个。从银行危机和货币危机的统计不难看出，20 世纪 90 年代的整整 10 年，是一个金融危机极为频繁发生的年代（特别是 1997 年爆发的亚洲金融危机），对世界经济和世界格局也带来了深远的影响。而 21 世纪初的第 1 个 10 年时间里，货币危机和银行危机也频发不断，特别是 2008 年美国引发的世界性金融危机更是给全球经济发展带来了深远的影响。

表 1 – 2　　　　　　　　　1970 年以来的货币危机统计

时间	1970 ~ 1979 年	1980 ~ 1989 年	1990 ~ 1999 年	2000 ~ 2009 年	2010 ~ 2014 年
危机次数	26 次	36 次	45 次	24 次	3 次
发生地区	智利等 17 个国家（地区）	阿根廷等 18 个国家（地区）	泰国等 27 个国家（地区）	美国等 21 个国家（地区）	埃及等 3 个国家

注：（1）本表由作者根据相关文献整理得到。（2）危机次数统计以"一个国家一年发生 1 次则记为 1 次"为准则（即以每国每年发生次数为统计单位）。

　　2008 年全球性的金融危机在 2007 年 8 月 9 日开始浮现，当日法国最大银行巴黎银行宣布卷入美国次级债，全球大部分股指下跌，金属原油期货和现货黄金价格大幅跳水。从美国次贷危机到引发全球性金融危机，该过程发展迅速，影响巨大，前美联储主席格林斯潘（2008）指出，有一天，人们回首今日，可能会把美国当前的金融危机评为二战结束以来最严重的危机。此次危机大体上可以分为三个阶段：第一阶段是债务危机①，即大量借了住房贷款的人，不能按时还本付息而引起的问题，最为直接的结果是美国两房公司的破产，次级房屋信贷危机爆发。一般来说，贷款意愿和抵押品价值之间存在一种反身（reflexive）、循环的关系，如果容易获得信贷，就带来了需求，而这种需求推高了房地产价值；反过来，这种情况又增加了可获得信贷的数量。当人们购买房产并期待能够从抵押贷款再融资中获利时，泡沫便由此产生。第二阶段是流动性危机，即相关金融机构由于债务危机而导致不能够及时提供足够的流动性对付债权人变现的要求，而引起流动性不足所产生的危机。第三阶段为信用危机，即人们对建立在信用基础上的金融活动产生怀疑时，投资者普遍对金融机构、金融市场失去信心，从而引发相关资产价格暴跌、金融机构破产。本质上讲，2008 年的金融危机的根本原因在于美国资本市场的货币信用通过金融衍生工具被无限放大，并在较长的时期内形成货币信用供给与支付能力之间的巨大缺口，最后严重偏离现实产品市场对信用的有限需求，这种偏离通过各个跨国金融机构和各种跨国金融业务而得到广泛传播，进而引发全球性金融危机。

　　巴里·艾森格林和迈克尔·博多在 2001 年完成的一项研究表明，2001 年随机挑出的一个国家爆发金融危机的概率都比 1973 年大 1 倍。显然，金融危机的频繁发生有其一定的必然性。首先，微观上各种金融创新活动鼓励消费者、投资者透支信用，信贷需求通过一定时间和一定数量的积累，非常容易过剩。美国 2007 年前房地产行业所积累的大量不良贷款以及目前中国的众多企业债务高举，都与信贷需求过于旺盛有关。其次，宏观上各国政府在宏观经济政策的制定和实施过程中，由于各种公共服务需求刚性

---

　　① 此前，美国 2006 年的经常账户赤字达到了其国内生产总值（GDP）的 6.2%。

的存在，也容易导致财政赤字以及外债高举。再次，市场经济体制的普遍推行、金融全球化以及大量金融衍生工具的创新，使得金融危机的传染性大大增强。目前许多国家都实行了市场经济体制，相应的，其资本项目和金融市场也保持着较高的开放度，由于多种危机传染机制需要在资本项目和金融市场开放条件下才能实现，因此金融危机很容易通过跨国金融机构和各种跨境金融业务（外汇、股票、债券等）被传染。最后，网络技术、信息技术、金融创新的快速发展，使得资本（特别是短期资本）在全球范围内的流动变得容易，资本流动规模、流动速度以及流动方向的不确定性增强。大量资本的倒流很容易导致一国证券市场价格的暴跌、本币大幅贬值，进而引发一国发生金融危机。

可以预见，未来大规模的资本流动不确定性将是引发各国金融危机的一个重要因素。新兴市场经济国家在过去十几年的发展过程中，吸引了大量发达国家的资金，墨西哥、俄罗斯、印度等国证券市场上一半以上的资金来自于国外；日益高涨的海外资金不仅推动了本地资产价格的高涨，也推动了本地经济的繁荣，同时也带来了本地货币实际汇率的不断升值，这一系列过程为这些经济体发生金融危机埋下了种子，2014 年俄罗斯遭遇卢布的大幅贬值就是最好的例子，需要引起高度重视。

3. 国际资本流动的不确定性增大

国际资本流动一般是指资本在不同国家或地区之间的单向、双向或多向流动，具体可以包括贷款、援助、投资、债务、信贷、外汇买卖、证券发行与流通等多种形式。需要说明的是，国际资本流动与国际资金流动是完全不同的概念：国际资金流动是一种不可逆转性的流动，即一次性的资金款项转移，其特点是资金流动呈单向性；而国际资本流动则是一种可逆转的流动，其特点是资本流动呈双向性。国际资本流动的分类，按流动方向分有国际资本流入和国际资本流出；按流动规模分有总额流动（流入加流出）和净额流动（流入减流出）；按流动期限分有长期国际资本流动和短期国际资本流动；按流动性质分有政府的国际资本流动和私人的国际资本流动；按流动方式分有投资类型的国际资本流动和贷款类型的国际资本流动。显然，国际资本流动形式的多样性、流动分类的复杂性为国际资本流动的不确定增大提供了客观基础。

影响国际资本流动因素的多样性和复杂性为国际资本流动的不确定增大提供了可能。影响国际资本流动的因素既有政治性的，也有经济性，更有随机性的，主要可以归纳为以下几种情况。一是过剩的资本与经常账户的大量顺差，在通信技术的发明与广泛应用以及经济全球化的背景下，很容易引发国际资本流动。二是不同的国家和地区所采用的不同利用外资策略，容易引起国际资本流动。三是不同国家利率差别所带来的收益，是国际资本流动的一个重要诱因。四是不同国际货币汇率的变化为国际资本流动套汇提供可能，尽管出清的市场中，利率差别带来的收益会被汇率差别带来的成本所抵消，但现实中的市场机制难以完美实现，套利和套汇大量存在。五是一国经济形势的恶化（如出现严重的通货膨胀或经济衰退等）或政治不稳定很容易引起该国的资本外逃。六是国际炒家恶性投机（既包括逐利性投机也包括非逐利性政治投机）行为的存在，人为主观地引发了国际资本流动。

具体来说，国际资本流动的不确定性增大主要体现在以下两个方面。一方面，国际资本流动规模的不确定增大。通常国际资本流动的规模在经济繁荣时期增长迅速，而在经济衰退（或危机）时期其流动规模则急剧下降。据统计，自 20 世纪 90 年代以来，全球资本流动总体规模上一直保持稳步增长，其间只出现了两次负增长，第一次是由于受美国网络经济泡沫破灭导致全球经济危机的影响，2001 年全球资本净流动突然回落，降幅达16%，此后开始上升并持续增长了 8 年；第二次是 2009 年，因受国际金融危机的影响，全球资本流动规模锐减至 1.10 万亿美元，降幅高达 40%（杨海珍等，2012）。另一方面，国际资本流动方向的不确定也在增大。国际金融协会（Institute of International Finance，IIF）报告表明，2010 年新兴市场的净私人资本流入量达到 9898 亿美元，比 2009 年大幅增长 54%。但新兴市场投资基金研究公司（Emerging Portfolio Fund Research，EPFR）数据显示，2011 年前 9 个月，新兴市场共同基金多达 260 亿美元的资金被抽回；仅在 11 月份后两周资金自新兴市场股市就分别撤出 27 亿美元和 5亿美元，呈现连续 4 周净资金流出的现象。布罗内尔（Broner et al.，2013）的研究也表明，过去 80 年来全球总的国际资本流动的波动性在增加；总的国际资本流动具有顺经济周期性（pro-cyclical），即经济繁荣时国际资本流动规模增大，而经济衰退时国际资本流动规模减小；金融危机时期，国际资本流动中的每种资本，如直接投资、证券投资、其他投资、债券投资等的流动都出现大幅度的缩减。

国际资本流动的不确定增大容易带来诸多影响，有正面的也有负面的，有短期的也有长期的，相关政府决策部门需要引起高度重视。国际资本流动的正面影响主要体现在长期国际资本流动上，对输出国来说，长期资本流出不仅能提高资本的边际收益，有利于促进商品输出，而且有助于克服贸易保护壁垒，占领世界市场；对资本输入国来说，长期资本流入一方面能缓和国内资金短缺，另一方面也有助于扩大产品的出口缓解就业压力。国际资本流动的负面影响主要体现在短期国际资本流动上，特别是投机性短期国际资本，其流动规模大，变化速度快，容易对一国的国际收支、汇率、货币政策、金融市场等带来众多的不利影响。国际资本流动的这种正面影响和负面影响往往交织在一起，最终对一国经济的影响效果往往取决于该国政府部门的宏观政策引导以及其资本项目与金融市场的开放程度和完善程度。

1.1.2 选题意义

国际资本流动是国际经济学的一个重要专题。一般讨论国际资本流动时，可以从两个角度展开。一是从净资本流动和总资本流动的角度展开；二是从长期资本流动和短期资本流动的角度展开。现有的文献中有很多研究净资本流动和总资本流动[①]，这些研究大多数采用国际收支平衡（balance of payment，BOP）表中的不同项目来测算资本流动，这类文献在测算资本流动时很少考虑到短期资本流动和长期资本流动的区别。

---

① 一些学者对净资本流动进行了研究（Dornbusch et al. , 1995；Levchenko and Mauro, 2007；Mendoza, 2010；Agosin and Huaita, 2012；Zhao et al. , 2014）。一些学者对总资本流动进行了研究（Kraay et al. , 2005；Lane and Milesi - Ferretti, 2007；Devereux, 2007；Gourinchas and Rey, 2007；Rothenberg and Warnock, 2011；Obstfeld, 2012；Forbes and Warnock, 2012；Calderón and Kubota, 2013；Broner et al. , 2013；Förster, Jorra and Tillmann, 2014；Cavallo et al. , 2015）。

　　与长期国际资本流动相比，短期国际资本流动被普遍认为波动性较强、流动规模变化大、流动方向容易逆转，进而对一国实体经济与金融市场容易带来负面影响（张明，2011）。从中国国内的形势来看，改革开放40年来，各个领域的改革都在不断深化，中国金融市场的改革也不例外。中国要成功实现人民币国际化与金融市场自由化，资本项目的对外开放与有效监管至关重要。而资本项目对外开放最大的风险就是短期国际资本流动的规模和波动变化可能加剧而使得其监管变得困难，进而引发金融市场和经济发展的不稳定。政府管理部门能否有效监测与管理短期国际资本流动，是资本项目能否完全对外开放的一个重要前提条件。尽管资本项目开放有利于中国与国际接轨，加速市场经济体制的建立；然而资本项目的开放也将可能进一步加剧我国短期国际资本的异常流动，从而直接影响我国金融市场和宏观经济的稳定健康发展。目前中国的经常项目已经开放，资本项目也已经承诺分三步逐渐开放，逐步实现人民币资本项目可兑换。

　　因此，对短期国际资本流动进行测算研究有较为重要的理论意义和非常重要的现实意义。从理论意义上讲，对短期国际资本流动的测算方法进行改进研究，能够从理论上进一步丰富和完善现有短期国际资本流动的测算方法。从现实意义上讲，对短期国际资本流动的测算及其应用进行研究，一方面有助于政府管理部门对短期国际资本流动的监测与监管，及时制定相应的政策以防止短期国际资本流动的大幅变化而引起的不良后果；另一方面，对短期国际资本流动规模这一指标进行测算与应用研究，分析其在宏观经济运行与货币危机中的作用，有助于政府决策部门对宏观经济运行进行调控，对货币危机进行管理，促进社会经济的平稳健康发展。

1.2　短期国际资本流动的定义评述

　　目前，对于短期国际资本流动（有的文献称之为"资本外逃"）的定义，不同的学者还存在争论。正如班尔·施奈德（Benu Schneider，2003）所言资本外逃不像经济学中其他大多数概念，经济理论并没有给它一个清晰的概念。目前，国内外学者对于短期国际资本流动的定义并没有统一的界定标准，不同的学者基于不同的研究目标和测算的可行性，从不同的统计口径来界定短期国际资本流动。从已有的关于短期国际资本流动的研究文献分析来看，关于短期国际资本流动和长期国际资本流动的定义主要从时间视角、合法和非法性视角、投资和投机视角以及流动性视角四个方面进行界定和划分。

第一，是以时间为标准来划分短期国际资本流动和长期国际资本流动。国际货币基金组织（International Monetary Fund，IMF）在前四版的《国际收支手册》编制中，一直将借贷或投资期限在一年以下的视为短期资本（包含短期证券投资、贷款、保值性资本流动、投机性资本流动和贸易资金融通），而将期限在一年以上的视为长期资本（包括直接投资、一年以上的证券投资和国际贷款）。遵循这一定义标准的还有其他学者（Claessens，1993；Rodrik et al.，1999；戴相龙、黄达，1998 等）。随着金融市场的发展和金融工具的创新，中长期资本特别是股票、国债等证券化资产在相当程度上已经成为国际短期资本流动的重要形态；而且期限是一年以上的长期资本，如果剩余期限不足一年，则与短期资本本质上没有区别。显然，根据期限长短来划分长期和资本和短期资本的意义已经弱化，基于此，IMF（1993）在《国际收支手册》第五版的编制中，强调根据一年或不足一年以上的合同期限来划分长短期资产和负债的方法，仅仅适用于时间期限比较固定的"其他投资"（包含贸易信贷、贷款、货币、存款以及各种应收款和应付款）。

第二，以非法性和合法性为标准来划分短期国际资本流动和长期国际资本流动（Bhagwati，1964；Bhagwati et al.，1974；汪洋，2010）。班尔·施奈德（2003）对这种划分标准进行了分析，认为非法的资本流动主要体现为对外贸易中的进出口伪报，一般将其视为短期国际资本流动。对于这种方式的定义需要注意两点：一是非法的资本流动除了进出口伪报之外，还有其他难以统计的非法流动方式，比如通过"地下钱庄"进行资本转移；二是非法的资本流动应该只是短期国际资本流动的一部分，还有相当一部分短期国际资本流动是通过证券投资等合法的方式进行的。这种划分标准一般认为长期国际资本流动都是合法性的流动。

第三，是以投资和投机为标准来划分短期资本流动和长期资本流动

（Kindleberger，1985；Chuban et al.，1996；宋文兵，1999；国家外汇管理局资本流动脆弱性分析和预警体系课题组，2005）。一般来说，以投机为目的的"热钱"属于短期资本，尽管唐旭等（2007）和张明等（2008）认为"热钱"中也存在着长期的投机资金。而以投资为目的的资金中，则既包含了短期资本流动，如贸易性资本流动、金融性资本流动，也包含了长期资本流动，如直接投资等。现实中，投资和投机本来就无明显的界限，因此，要区分国际资本流动中的投资资本与投机资本流动是非常困难的，这不仅使得统计难度大，而且也使得实际工作操作困难。在第三种定义中，短期国际资本流动通常也被称为资本外逃（capital flight）。资本外逃一般由那些为了寻求安全而逃出国境的资金构成（Brown，1992；Gunter，2004）。显然，资本外逃仅仅反映了短期资本的单向流动（one-way flow），即短期资本的流出或从一个国家的逃离。资本外逃仅是构成短期国际资本流动的一个部分，除了进出口伪报额之外，资本外逃也包括一些如资本转移者所用的"地下钱庄"等非法渠道的资本流动（Shi and Lian，2014）。

第四，以流动性为标准来划分短期国际资本流动和长期国际资本流动。李翀（2003）根据资本跨国流动性的强弱，将流动性弱的资本划分为长期资本，流动性强的资本划分为短期资本。曲凤杰（2006）和刘仁伍等（2008）认为，短期资本流动的风险主要在于其流动方向突然改变给宏观经济稳定带来威胁，进而将国际短期资本定义为借贷期限在一年以内的资本流动和随时可能改变流动方向的资本流动。以流动性为标准的定义，既考虑了资本流动的时间期限，同时也强调资本流动方向的随时改变，这使得部分投资期限较长但即将到期的长期资本可以视为短期资本，相比上述其他三种定义，具有更好的适用性。已有研究文献对长期国际资本与短期国际资本的界定如表1-3所示。

表1-3　　　　　　　　长期国际资本与短期国际资本的定义

界定视角	定义	代表性学者及文献
时间视角	借贷和投资期限在一年以上的视为长期国际资本，而将期限在一年以下的视为短期国际资本	IMF、Claessens（1993），戴相龙、黄达（1998），Rodrik et al.（1999）

界定视角	定义	代表性学者及文献
合法和非法性视角	合法短期资本流动视为长期国际资本，非法的短期资本流动视为短期国际资本	Bhagwati（1964）、Bhagwati et al.（1974）、汪洋（2010）
投资和投机视角	以投资为目的的资本流动视为长期国际资本，以投机为目的的"热钱"视为短期国际资本	Kindleberger（1985）、Chuban et al（1996）、宋文兵（1999）、国家外汇管理局资本流动脆弱性分析和预警体系课题组（2005）
流动性视角	借贷期限在一年以内的资本流动和随时可能改变流动方向的资本流动界定为短期国际资本，其他的则视为长期国际资本	李翀（2003）、曲凤杰（2006）和刘仁伍等（2008）

在上述四种定义的基础上，石和练（Shi and Lian，2014）认为短期国际资本流动的"风险"除了强调流动方向的突然改变外，还应强调流动规模的变动给实体经济造成的冲击，即强调短期资本流动的变动"量"足以对实体经济造成影响。因此，本书关于短期国际资本流动的界定与石和练（2014）将保持一致，在借鉴曲凤杰（2006）和刘仁伍等（2008）定义的基础上，主要从流动性的视角来划分长期和短期国际资本，既强调短期资本流动方向的变动，同时也强调短期资本流动中"量"的概念。

1.3 我们的工作与本书框架安排

在近 3 年的短期国际资本测算及其应用研究中，目前我们的主要工作包括以下几个方面。第一，我们对国际资本流动的数据基础——国际资本流动统计进行了国际比较研究。第二，在对短期国际资本流动的定义进行比较、分析和界定的基础上，对短期国际资本流动的测算方法进行了仔细的比较综述，提出了短期国际资本流动测算方法中最为常用的直接法和间接法的逻辑关系，并对这个逻辑关系给予了证明。第三，在证明了直接法和间接法的逻辑关系之后，基于 BOP 表，我们提出了经过修正的直接法测算公式和间接法测算公式。第四，根据中国国家统计局、国家外汇管理局以及中国海关的相关数据，我们根据修正的直接法和修正的间接法，测算了中国短期国际资本流动的年度规模、季度规模和月度，并对测算结果的合理性和可解释性进行了检验。第五，采用 C/S 架构开发出了中国短期国际资本流动的测算系统，为今后测算工作的持续便捷进行提供了可能。第六，根据测算结果对中国短期国际资本流动的主要影响因素进行了分析。第七，利用测算的结果，选择了中国制造业采购经理人指数（purchase managers' index，PMI）以及社会零售总额、发电量和工业增加值作为对比参考指标，对中国短期国际资本流动规模与这 4 个指标之间的时滞关系进行了实证分析，结果表明中国短期国际资本流动与中国制造业 PMI 一样，可以作为中国经济运行的先行指标，其中短期国际资本流动与制造业 PMI 是同步指标，而社会零售总额、发电量和工业增加值 3 个指标互为同步指标，短期国际资本流动领先上述 3 个同步指标约 12 个月。第八，基于机器学习模型，对短期国际资本流动规模进行了预测分析。

　　本书共计包括八章，具体框架安排如下：第 1 章为绪论，主要介绍了选题背景、选题意义以及短期国际资本流动的定义①。第 2 章为国际资本流动数据的基础——国际资本流动统计。第 3 章为短期国际资本流动测算方法及其改进，包括 3 节，主要对短期国际资本流动的两种主要测算方法（直接法和间接法）进行分析和改进。第 4 章为中国短期国际资本流动的测算及其检验，包括测算和检验两节。第 5 章为短期国际资本流动测算系统及其开发，主要包括需求说明、设计与技术架构、开发与实现 3 节。第 6 章为短期国际资本流动应用研究之前提——影响因素分析，包括因素评述、实证方法简介和实证分析 3 节。第 7 章为短期国际资本流动应用研究之一——先行性分析，包括 4 节的内容，主要对短期国际资本流动作为宏观经济先行指标进行了论证分析。第 8 章为短期国际资本流动应用研究之二——预测分析，主要应用短期国际资本流动与宏观经济同步指标的时滞关系，采用机器学习模型，对短期国际资本流动的规模进行了预测分析。

---

　　① 这里需要说明的是：长期国际资本是相对短期国际资本而言的，长期与短期的关系相当于一个问题的两面，由于短期国际资本相对而言更为重要，因此，本书的研究目标是短期国际资本。

第2章
国际资本流动数据的基础
——国际资本流动统计

2.1 国际资本流动统计的内涵

2.1.1 国际资本流动

国际资本流动（international capital flows）即国际资本转移，是指大笔资金在国家或经济体之间流动以寻求较高的回报率和较好的投资机会。资本流动是以谋取利润为目的的一种可逆转的双向性资本转移，流动主体可以是个人、企业、政府或者国际组织；流动期限包括长期和短期。是什么因素驱动着资本的跨境流动？国际资本流动对一国经济体有利还是有弊？国际资本流动有哪些特点？下面我们将对这三个问题做一个简单分析，有利于读者加深对国际资本流动的理解。

在国际主流研究中（如 Fernandez－Arias，1996；IMF，2011 等），一般将国际资本流动的影响因素分为两大类。一类是"推力"因素，即外部因素，主要包括利率、汇率、全球经济增长、利率的周期性变化、全球性风险、流动性等；另一类是"拉力"因素，即内部因素，主要包括货币和财政政策、市场化改革进程（如贸易和资本市场自由化）、国内通货膨胀环境、国内经济增长、国家财政状况等。还有一类影响因素是"传染性"（contagion）因素，主要是指在其他国家或国家集团发生的事件能够通过地区相邻或经济往来密切等方式传染到本国，进而引起本国发生短期国际资本的大幅波动。"传染性"因素可以单独出来与外部因素、内部因素并列为三大影响因素，也可以被归入外部因素中。关于因素更多的评述参见第6章。

资本流动就像一把"双刃剑"，在为发展中国家追赶发达国家缩小国民收入差距提供机遇的同时，也带来了诸多危机。历史经验告诉我们，大规模的国际资本流入会加剧国际收支的失衡，影响货币政策实施的有效性，增加通货膨胀的压力；而国际资本的迅速流出也极易引发金融危机。这里从资本输出国和资本输入国两个视角，来分析资本流动所带来的这种双面性影响。

首先，资本流动对资本输出国的影响有积极与消极两个方面。积极影响主要表现为：可以提高资本输出国资本的边际效益；可以带动资本输出国的商品出口，刺激其国内的经济增长；有助于资本输出国迅速地进入或扩大海外商品销售市场；为输出国的剩余资本寻求出路，生息获利；有利于提高资本输出国的国际地位，一般来说资本输出意味着该国的物质基础较为雄厚，也意味着该国更有能力加强同其他国家的政治与经济联系。消极影响主要表现为：输出国必须承担资本输出的经济和政治风险；会对输出国的经济发展造成压力，在货币资本总额一定的条件下，资本输出会使本国的投资下降，从而减少国内的就业机会，加剧国内市场竞争，进而影响国内的政治稳定与经济发展。

其次，资本流动对资本输入国的影响也有积极与消极两个方面。积极方面表现为：可以弥补输入国资本不足；有助于资本输入国引进先进技术与设备，同时获得先进的管理经验①；可以为输入国增加就业机会，增加国家财政收入；可以改善资本输入国的国际收支平衡。消极影响主要表现为：可能会使输入国引发债务危机；当输入国对外来资本产生很强的依赖性时，可能由于外来资本的快速外流而引发经济危机；加剧国内市场竞

---

① 因为资本流动中的很大一部分是直接投资，而直接投资中的一部分就包括生产设备等投资，直接投资通常会给输入国直接带来技术、设备，甚至是销售市场。所以，只要输入得当，配套政策科学合理，资本输入通常会提高输入国的劳动生产率，增加其经济效益，加速其经济发展进程。

争，不利于本国企业的发展。

国际资本流动一般包括如下几个特点：第一，国际资金流量增长迅速，不依赖于实物经济而独立增长。第二，发达国家在国际资本中仍占主导地位，发展中国家比重逐步增加。第三，跨国公司并购日趋活跃，跨国公司在国际直接投资中作用举足轻重。第四，国际资本流动的产业结构中第三产业比重增加较快。第五，国际资本证券化，资本流动高速化；国际资本证券化是当前国际资本流动的一个重要趋势。第六，国际资本流动中金融衍生工具取得巨大发展。第七，国际资本流动中官方融资比重显著下降，外国私人资本重要性日趋增加。按世界银行的划分标准，国际资本流动分为官方发展融资和外国私人资本两种形式，后者又可细分为外国直接投资、国际股权证券投资、外国商业银行贷款和发行国际债券等。

2.1.2 国际资本流动统计

对于"国际资本流动统计"，目前并没有明确的定义。根据我们对资本流动和及相关统计工作的理解，这里我们对"国际资本流动统计"做如下定义：国际资本流动统计是指对一个国家（或经济体）与其他国家（或经济体）之间各项经济金融交易及对外资产负债情况进行的统计，包括流量统计和存量统计。由于国际收支统计中包含资本流动，但国际资本流动不仅限于国际收支统计，所以这里在对国际收支平衡表统计（BOP 表统计）进行分析的基础上，将对国际资本流动统计与 BOP 表统计的关系进行分析，并探讨国际资本流动统计中存在的主要问题。

1. BOP 表统计

国际收支平衡表（BOP 表）是以一国对外国际收支为前提，以该国居民和非本国居民间的交易为基础进行的一个流量统计；BOP 表能有效反映一国对外经济总量的国际收支状况和跨境资金流动情况（石刚、王琛伟，2014）。下面主要从 BOP 表统计的统计对象（即统计谁?）、统计项目（即统计什么?）、统计方法（即怎么统计?）三个方面进行简单介绍。

首先，BOP 表统计的统计对象。BOP 表统计主要是统计发生了交易来往的本国居民和非本国居民，或者说是统计发生了交易的常住单位与非常住单位。具体而言，国民经济核算体系（system of national accounts，SNA，1993）中将常住单位定义为在一国经济领土内具有经济利益中心的机构单位；通常情况下，把 1 年期作为确定常住性的一个分界点，低于 1 年的单位称为非常住单位，1 年及以上的单位称为常住单位。而常住单位与非常住单位的"交易"，通常是指具有经济价值的行为，因此，BOP 统计既包括一方向另一方提供经济价值并从对方获得同等价值的行为，又包括一方无偿向另一方提供经济价值的行为。

其次，BOP 表统计的统计项目。BOP 表统计的初级单元（primary unit）项目一般包括经常账户、资本账户、金融账户、储备及相关项、净误差与遗漏项 5 类。根据 IMF 最新公布的 BOP 表统计信息显示，2012 年 7 月及 7 月之前的 BOP 表与 7 月之后的 BOP 表在初级单元项目统计上完全一样，而在二级项目（secondary items）上则有所不同。其中，除了经常账户之外，其他 4 个初级单元项目所包含的二级项目没有变动；而 2012 年 7 月之前的经常账户中所包含的二级项目为：货物、服务贸易以及初始收入均衡项，经常转移资产项，经常转移负债 3 项。2012 年 7 月之后的经常账户中所包含的二级项目为：货物、服务贸易以及初始收入均衡项，二次收入资产项，二次收入负债项。关于 BOP 表其他细项的统计可以参见 IMF 发布的《BOP 表统计年鉴》（*Balance of Payments Statistics Yearbook*）。中国 BOP 表统计的初级单元项目一般只有 4 项，即把资本账户与金融账户合并为"资本和金融账户"，而其他三个初级单元项目保持不变。

最后，BOP 表统计的统计方法。BOP 表统计总体上采用调查的方式来获取跨境交易的信息，并参考其他相关数据，对 BOP 表中的各项目进行编制、计算与汇总。中国的 BOP 表统计由国家外汇管理局依据《国际收支统计申报办法》[①] 来采集相关数据。补充数据和补充信息由国家统计局、国家海关总署、中国人民银行、商务部、证监会、国家旅游局等部门提供。具体编制 BOP 表时遵循以下四个原则，即居民原则、计价原则、权责发生

---

① 中国《国际收支统计申报办法》最早于 1996 年 1 月 1 日正式施行，2013 年 11 月国务院公布了修改后的《国际收支统计申报办法》，新办法于 2014 年 1 月 1 日施行。

制原则、复式计账原则①。

2. 国际资本流动统计与 BOP 表统计的异同

一般而言，国际资本流动包括非法资本流动和合法的资本流动。合法资本流动的统计一般都被包含在 BOP 表统计中。因此，目前绝大多数国家用 BOP 表统计来作为本国的国际资本流动统计。对非法资本流动统计则在现实中较难。一般而言，非法资本流动的主要渠道主要包括地下钱庄、手机银行等形式。其中地下钱庄除了通过利用经常项目下的进出口伪报、订立虚假合同、个人汇款，以及资本项目下的外商直接投资等形式实现国际资本的跨境流动外，还通过走私集团分批运输过境和外币跨境独立循环等未被统计的非法渠道实现国际资本的跨境流动。关于走私集团分批运输过境和外币跨境独立循环两种方式的详细介绍，请参考后续相关章节内容。

3. 国际资本流动统计中存在的主要问题

随着社会与经济的快速发展，各种新技术（如互联网技术、计算机技术、移动终端等）不断更新并快速普及推广，资本流动统计也随之取得了长足的进步。但总的来说，国际资本流动统计起步较晚，发展过程中仍然存在以下两个主要问题。

第一，统计申报中的问题。资本流动统计的申报分为直接申报和间接申报。直接申报由于牵涉到企业，而且外资企业数量庞大，所以申报表的回收率较低，数据的可用性也较差。间接申报中主要存在的问题表现在两个方面：一是涉外收支互相抵扣；二是外币（或本国货币）携带出入境未申报为国际收支。相比较而言，间接申报工作由于是通过金融机构进行，而所有企业或个人的大额资本流动又全部通过银行，所以间接申报工作通常要比通过企业申报的直接申报工作做得好。因此，通过间接申报得到的

---

① 居民原则是指 BOP 仅记载居民与非居民之间的交易。计价原则是指按成交时的市场价格来计价。权责发生制原则是指一旦经济价值产生、改变、交换、转移或消失，交易就被记录下来，一旦所有权发生变更，债权债务就随之出现。复式计账原则是指任何一笔交易要求同时作借方记录和贷方记录；一切收入项目或负债增加、资产减少的项目，都列入贷方；一切支出项目或资产增加、负债减少的项目都列入借方；借贷双方金额相等。

国际收支统计数据比直接申报得到的数据更加权威（周晓东等，2007）。

第二，资本外逃流动难以统计。资本外逃的方式有多种，包括以"价格转移"等方式通过进出口渠道进行资本外逃、虚报外商直接投资形成事实上的外逃、通过"地下钱庄"和"手机银行"等境内外串通交割方式进行非法资本转移、金融机构和外汇管理部门内部违法违规操作形成的资本外逃、通过直接携带的方式进行资本外逃等（任惠，2001）。上述各类形式的资本外逃在现实中都具有极强的违规性与隐蔽性，其规模很难被准确统计。需要说明的是，对于资本外逃的计量，一直以来在学术界都存在较大争议；任何关于资本外逃规模的测算都只是大致的估计，而不是精确数据。

2.1.3　国际资本流动统计工作

国际资本流动统计工作可以理解为是对一个国家（或经济体）与其他国家（或经济体）之间资本流动各种不同形式的规模的相关数据的搜集、整理、评估、发布与相关制度的制定与修订等方面工作的总称。

具体来说，国际资本流动统计工作主要包括以下几个方面的内容。

一是相关统计数据的搜集。一般而言，国际资本流动相关统计数据依据《国际收支和国际投资头寸手册》（第六版）（简称 BPM6[①]）来进行分类搜集。以我国为例，国家外汇管理局为搜集相关资本流动的数据，开展了国际交易报告体系、全数调查、抽样调查；除此之外，还包括相关政府部门所开展的调查、行政记录，国际组织所进行的统计等公开信息。这里相关政府部门数据的搜集主要有：海关进行的国际货物贸易统计、商务部进行的非金融部门对外直接投资统计、国家旅游局进行的旅游收入抽样调查、人民银行的统计等。

二是相关统计数据的整理、审核。所有基于《国际收支和国际投资头寸手册》（第六版）报送的数据，都依据该手册所规定的逻辑规则对相关

[①] BPM6 由 IMF 主持完成，该手册与 2008 国民经济核算体系（system of national accounts，SNA）相协调。

数据进行整理并审核。经常账户、资本账户采用全额方式记录贷方和借方发生额，金融账户采用净额方式记录资产负债的净变动。而对相关数据的审核主要有两种方式：（1）依据电脑程序进行自动核查；（2）进行人工核查。

三是相关统计数据的质量评估。IMF 在 20 世纪 90 年代分别制定了数据公布特殊标准（special data dissemination standard，SDDS）和数据公布通用标准（general data dissemination system，GDDS）两套数据标准，里面对统计数据的质量评估提出了具体要求。具体对我国而言，这里主要包括三个方面工作：（1）申报主体数据报送阶段，根据所报送数据的逻辑关系对申报主体报送的数据进行评估，如有错误则返回修改；（2）对于通过逻辑关系校验的数据，包括国家外汇管理局自己采集的数据和其他部门提供的数据，会根据不同数据来源进行评估，并根据评估结果返回报送主体确认、与相关数据提供部门沟通数据定义、范围和质量；（3）对申报主体报送原始数据加工形成汇总数据，再从总量数据相互关系的角度对数据进行评估，如资产收益率是否在合理范围、与相关部门类似口径数据在规模上是否趋势一致、非交易变动规模是否与投资工具相匹配等。

四是相关统计数据的发布。一般各国政府机构都会通过网站或各种纸质媒介来及时发布国际资本流动的相关数据。关于国际资本流动的统计数据，其中部分数据发布频率为月度，总体数据发布频率为季度和年度。以中国为例，具体来说，国家外汇管理局 2015 年起调整为按月度发布国际收支平衡表中的国际货物和服务贸易统计数据；按季度和年度发布中国国际收支平衡表的数据。具体发布渠道为国家外汇管理局官方网站（http：//www. safe. gov. cn）。

2.2 主要国际机构对国际资本流动的统计

目前，国际资本流动统计的数据源主要来自两个方面：一是来自一些国际机构的统计；二是来自各个国家相关政府部门的统计。下面将主要介绍国际货币基金组织（IMF）、国际清算银行（Bank for International Settlements，BIS）和经济合作与发展组织（Organization for Economic Co-opera-tion and Development，OECD）三个国际机构对国际资本流动的统计。

2.2.1　国际货币基金组织对国际资本流动的统计

国际货币基金组织（IMF）是联合国为促进国际货币与金融合作而建立的、由主权国家自愿参与的多边合作组织。IMF 于 1945 年 12 月 27 日成立，1947 年 11 月 15 日成为联合国的专门机构，在经营上有其独立性，总部设在美国首都华盛顿[①]。IMF 的主要工作包括：与所有成员国就经济政策举行对话磋商；与监督成员国按照协定制定和执行有关经济政策；讨论有关国际货币与金融体系稳定的重大问题，包括各国对汇率制度的选择、避免国际资本流动的不稳定性；设计国际认可的有关政策制度及其标准和准则等。IMF 的资金来源于各成员国认缴的份额，成员国享有提款权。其中 IMF 的 SDR 作为国际流通手段的一个补充，可以缓解某些成员国的国际收支逆差。IMF 规定其成员国有义务提供相关的数据资料，并在外汇政策和外汇管理方面接受该组织的监督。

显然，IMF 在国际资本流动体系中起着重要的枢纽作用。IMF 的中央宏观经济数据库包含了各个国家、区域以及全球的统计数据，覆盖了约 300 个国家和区域集团。为了减少成员国提供数据的负担，方便获取数据和诠释数据，提高获取数据的及时性，IMF 与 BIS、欧洲中央银行、欧洲统计局、OECD、联合国、世界银行共同发起了统计数据和数据诠释交换（statistical data and metadata exchange，SDMX）协议。目前 IMF 的统计出版物主要有 4 个：《国际金融统计年鉴》（*International Financial Statistics Year-book*）、《国际收支平衡统计年鉴》（*Balance of Payments Yearbook*）、《贸易方向统计年鉴》（*Direction of Trade Statistics Yearbook*）、《政府财政统计年鉴》（*Government Finance Statistics Yearbook*）。显然前三个统计年鉴包含了

---

① IMF2015 年进行了改革。2015 年美国国会参众两院批准了 IMF 份额和治理改革方案，中国的投票权额将从 3.8% 提高至超过 6%，而美国的投票权份额则微幅降至 16.5%，但依旧保留超过 15% 的重大决策否决权。此外，IMF 永久性资金也将翻倍，特别提款权（special drawing right，SDR）将从 2385 亿美元上调至 4770 亿美元。

跨境资本流动的数据信息。其中《国际金融统计年鉴》以月度数据为主，包括世界表（world table）和国家表（country table）两大类；其中世界表中包括了外汇储备、利率、汇率等指标信息；而国家表中则除了包括该国的 BOP 表信息之外，还提供该国的资金头寸（fund position）、国际流动性（international liquidity）、央行及其他存款性公司的资金流动情况。《国际收支平衡统计年鉴》根据 BPM6 的建议格式进行数据报送，主要为季度数据和年度数据，共计包含了 184 个司法管辖区的国际收支平衡统计。《贸易方向统计年鉴》则主要提供以年度进出口价值为基础的双边贸易数据，涵盖 156 个国家和主要区域的相关进出口数据。

为了促进数据的国际可比性，IMF 统计部主持撰写的各种统计手册与 2008 年国民经济核算体系相协调。在货币和金融统计上，IMF 统计部主要根据《货币和金融统计手册》的方法和原则，设计了一套标准报告表（standard report forms，SRFs），供成员国填报数据。国际收支平衡则是按照 BPM6 进行。此外，随着跨境投资的迅速增长，以及国际收支报告中全球不平衡现象的加剧，尤其是证券投资流量不平衡的日益增长，自 2001 年起，IMF 调查收集单个经济体以市场价格持有的投资组合数据，并且对股权和债务证券都按发行方的国家分类，显示出按照双边统计的投资组合，该调查每年举行一次。

2.2.2　国际清算银行对国际资本流动的统计

国际清算银行（BIS）作为历史最悠久的国际金融组织成立于1930年5月17日，总部设在瑞士巴塞尔，在中国香港特别行政区和墨西哥城设有代表处。BIS 的任务主要是促进国际货币与金融合作，并为各国央行提供专业的存款、贷款、黄金、外汇、证券等银行业务。BIS 具体通过以下活动来实现其宗旨：一是为各国中央银行和国际金融监管当局提供交流和便利决策的论坛；二是充当经济和货币研究中心；三是作为中央银行金融交易的主要交易对手；四是在国际金融交易中发挥代理人和受托人的作用。BIS 主要通过以下四个方面来把握发达国家向发展中国家的资金流动和银行信贷情况，即国际资金交易统计、国际信贷统计、每三年一次的外汇交易期货市场调查、定期期货交易统计。

出于收集数据满足 BIS 会议的需要以及为 BIS 的股东提供公共服务的需要，BIS 于 1978 年建立了数据银行（data bank）。目前，世界上有 44 个经济体的中央银行向 BIS 的数据银行报送宏观经济数据。这些数据报送序列的选择遵循"有代表性"的原则，即中央银行报送那些本国经济学家分析本国经济时经常使用的序列。各央行将宏观数据通过 BIS 货币经济部的网关报送到 BIS 的数据库中，同时也可以获取相应的数据反馈，BIS 的数据使用者也可以通过数据银行在线获取所需要的数据。BIS 的货币与经济部下辖的数据银行服务处负责统计数据的收集、审核、汇总、维护。

BIS 关于国际资本流动的统计是一个反应全球金融体系往来的独特信息来源，主要包括银行统计、证券统计和金融衍生品统计等。

BIS 的银行统计主要包括国际资金交易表的统计和国际信贷统计两个方面。其中，国际资金交易表的统计对象分为四大部分，即银行的跨国交易、非跨国的外汇交易所产生的计入资产负债表的债权/债务、跨国投资、与各个银行分行以及海外所在地法人的交易所产生的债权/债务。国际信贷统计则同时遵从两套计算原则，即按信贷发生所在地的计算原则——按信贷对象的所在地的地区和国家分类；同时还按最终风险发生地为分类基准计算。国际资金交易表的统计和国际信贷统计两者统计申报的基准结点均为每季度末，以百万美元为单位；美元以外的货币按各统计申报基准时点的月末终值的汇率换算成美元。

对于证券统计，BIS 同时编制证券市场的国际债务证券、国际股票、国内债券证券三类季度数据。BIS 所定义的国际证券（与国内证券相对应）主要基于证券的三个特征：交易的地点、发行的货币以及发行者的居住地。这些数据主要来自不同市场以及其所提供的关于不同国际和国内证券发行的信息。需要说明的是，BIS 关于国际股权的统计于 20 世纪 90 年代后期建立，主要包括三类，即在国际市场上提供的普通股或者优先股、以特殊的外国市场为目标发行的股票、在外国市场上作为国内的工具交易的股票（例如，美国存托凭证，American depositary receipt）。

对于金融衍生品统计，BIS 同时进行两类衍生金融产品的统计：一是按季度统计各交易所的衍生金融产品；二是按半年统计场外交易的衍生金融产品。前者数据来源于市场，后者数据来自各国央行在收集本国交易商的数据基础上报送给 BIS 的数据。这两项统计与银行和证券统计相结合，可以更加全面地反映全球金融市场的活动以及资本的流动情况。

2.2.3 经济合作与发展组织对国际资本流动的统计

经济合作与发展组织（OECD）是由 35 个[①]市场经济国家组成的政府间国际经济组织，成立于 1961 年，目前成员国总数 35 个，总部设在巴黎。OECD 所进行的经济统计数据，主要包括国民经济核算和主要经济指标核算，对于国际资本流动方面的统计相对较少，只是与 IMF、BIS 和世界银行进行了联合的外债统计。

OECD 每月公布的主要经济指标不仅包括加盟国的货币供给、长短期利息、物价指数、实质有效汇率、购买力平价、股市指数、国际收支以及国际金融，而且还包括非加盟国的巴西、中国、印度、印度尼西亚、俄罗斯及南非的相关经济指标。主要经济指标一般会同时给出过去 4 年的年度数据、季度数据以及上年度的月度数据。需要说明的是，在进行国际资金循环流动中实物交易部分的国际比较时，OECD 的国民统计核算数据是很有使用价值的。特别是使用各国的 GDP 统计与资金循环统计做国际比较时，OECD 不仅有相同的交易项目及部门分类，而且在处理不同货币单时既可按美元汇率统一表示，也可按 PPP（purchasing power parity）换算，使用数据方便。

OECD 与 IMF、BIS 和世界银行联合进行了联合外债统计。根据 IMF 和世界银行的定义，外债是任何特定的时间内，一国居民对非居民承担的具有契约性偿还责任的负债，不包括直接投资和企业资本，属于国际资本流动的范畴。OECD、IMF、BIS 以及世界银行联合起来进行的外债统计信息如表 2－1 所示，该表展示了联合外债统计中的各个外债类别以及相应的数据来源和数据范围。从表 2－1 中不难看出各个国际机构在国际资本流动统

---

① 根据 OECD 网站发布的信息显示，目前 OECD 有成员国 35 个。

计工作中的侧重点各有不同。其中 BIS 更加侧重于对银行类的债券统计，而 OECD 则侧重于对非银行的贸易类信贷统计，IMF 侧重储备类资产的债务统计。

表 2－1　　　　　　　　　　　外债联合统计信息表

序号	类别	数据来源	数据范围
1	银行贷款	BIS	对作为 36 个经济体居民的银行发放贷款
2	国外发行贷款	BIS	公共部门和私人部门在国际市场以货币市场工具、债券、票据等形式的融资
3	布雷迪债券	世界银行	在 1989 年布雷迪计划下发行的用于重组商业银行债务的债券
4	非银行贸易信贷	OECD	25 个 OECD 国家提供的经官方和非官方保证的非银行出口信贷
5	多边债权	非洲开发银行、亚洲开发银行、美洲开发银行、IMF、世界银行	非洲开发银行、亚洲开发银行、美洲开发银行发放的贷款，利用 IMF 的信贷、世界银行发放的国际复兴开发银行贷款和国际开发协会贷款
6	政府贷款	OECD	从 2000 年起，主要由 OECD 发展援助委员会的 21 个成员国和政府提供的资助和其他贷款
一年内到期的债务			
7	对银行的负债	BIS	对 27 个国家的银行的负债，这些银行报送全球合并的债权，数据包括持有的短期债券
8	国外发行的债券	BIS	公共部门或者私人部门的借款者在国际市场上发行的货币、债券和票据，包括外国银行持有的债券
9	非银行贸易信贷	OECD	25 个 OECD 国家的官方和官方担保的非银行性出口信用
10	对银行的总负债（本地数据）	BIS	对作为 36 个国家居民的银行的负债
11	对银行的负债（合并数据）	BIS	对 27 个国家的银行的负债。这些银行报送其全球合并的债权，包含短期和长期的负债
12	总的贸易信贷	OECD	25 个 OECD 国家的官方和非官方担保的非银行性出口信用

续表

序号	类别	数据来源	数据范围
13	对银行的总债权 （本地数据）	IMF	对作为 36 个国家的居民的银行的债权
14	国际储备资产 （不含黄金）	IMF	货币当局持有的 SDRs，以及在 IMF 的储备头寸和外汇资产

资料来源：杜金富：《国际金融统计制度比较》，中国金融出版社 2009 年版，第 35 页。

2.3 美国对国际资本流动的统计

对国际资本流动的统计，美国采用的是分散型的统计制度，即政府部门都具有统计各自管辖领域的职责，由中央政府设立综合协调机构来避免统计工作的遗漏和重复。美国商务部和美联储理事会是统计和发布宏观经济数据的主要部门。美国作为 IMF、OECD、世界银行等国际机构的重要成员，其《国际收支平衡表》《国际投资头寸表》按照《国际收支和国际投资头寸手册》的要求编写。因此，这里主要介绍美国除 BOP 表统计之外的国际资本流动统计，主要从美国财政部的国际资本（treasury international capital，TIC）统计、跨国公司统计中的国际资本流动统计和国际金融统计中的国际资本流动三个方面进行介绍。

2.3.1 美国 TIC 统计

20 世纪 90 年代以来的国际资本流动是以美国为中心循环的，除了国际组织公布的有关国际资本流动的统计之外，美国财政部及美联储每月编制并公布的国际资本流动报告，无论是对美国的国际资本流动统计的研究，还是对其他国家的资本流动统计的研究都是很有参考价值的。TIC 统计始于 1935 年，反映了美国居住者（包括在他国有公司本部，在美国设有分公司的机构）与外国居住者（包括美国企业的海外分公司）越境金融资产的流动及证券投资变化的统计。

美国的 TIC 统计范围有异于国际收支，它既不包括与海外分公司交易等跨国企业内部的国际资本交易，也不包括美国政府的资本交易。TIC 统计按照月、地区和投资种类发布统计信息。TIC 统计按交易主体分为以下五个部分：一是银行/信贷金融机构、证券公司等对外负债的变动；二是银行/信贷金融机构、证券公司等对外资产的变动；三是上述一、二两部分按照美元交易的补充信息（仅在每年的 6 月份和 12 月份公布）；四是进出口者、工商业者、其他金融机构（银行/信贷金融机构、证券公司等以外的部门）对外资产/负债的变动；五是长期（契约期超过 1 年，短期证券投资不在统计对象之列）的对国内外投资部分（新发行债券及以往发行债券都包括在内）。TIC 按地区进行的分类统计，是按直接发生地原则处理。比如通常的证券买卖仅仅是按照直接买卖当事者的国籍或者居住地分类，并不一定会反映本来实际交易主体的国籍或者居住地，但 TIC 按地区进行分类统计时是按照实际交易主体的国籍或居住地来进行分类的，如从美国预购法国的股票，在伦敦的证券公司进行交易时，投资对象地区并不是法国，而被认为是英国；这类统计信息可以在美国财政部官网上进行检索。

此外，TIC 数据还被用来计算美国的外债总规模。目前国际货币基金组织所公布的 64 个国家的外债头寸中，美国的外债头寸就是根据 TIC 数据统计得来的。

2.3.2　美国跨国公司统计中的国际资本流动统计

美国经济分析局（Bureau of Economic Analysis，BEA）根据美国本年度国外直接投资的统计结果，对美国的跨国公司进行了统计。其数据覆盖了世界范围内美国的跨国公司的活动情况，内容包括：资产负债表和损益表、岗位和劳动者报酬、资本支出、货物贸易、销售额和项目开发研究的支出。另外，BEA 也对国外的跨国公司在美国的附属机构的活动进行了统计。相应的，跨国公司活动（activity of multinational enterprise，AMNEs）的统计参考了上述两类统计的跨国公司数据信息。AMNEs 的统计数据包括了美国所有跨国公司的活动情况：即国外美国跨国公司的附属机构和其他国家的跨国公司在美国的附属机构。AMNEs 提供了独立和综合的数据集，一般可用来作为跨国公司和他们对国内外经济影响的经验分析。这些数据提供了除国际贸易账户（international transactions accounts，ITAs）和国际投资头寸（international investment position，IIP）表账户之外，直接投资中其他部分的数据信息。

IMF 制定的 BPM6 的附录中对 AMNEs 统计进行规范，并且将其数据作为对 ITAs 和 IIP 表编写的补充。另外，在 OECD 关于全球经济统计指导以及第四版的 OECD 对外商直接投资的定义基准中，也提出了对 AMNEs 统计的一些标准。但美国 BEA 对 AMNEs 的统计要求超出了 IMF 和 OECD 对 AMNEs 的统计要求。BEA 对 AMNEs 的数据要求比 BPM6 中要求的更全面，其包括了对联合公司的资本流动统计。BEA 在处理这类跨国公司的信息统计时，基于控股的原则来进行分类统计，使得 AMNEs 统计能够直接与其他国际的相关统计进行对比①。

与 AMNEs 统计紧密相连的是对美国跨国公司附属公司的统计（foreign affiliate statistics，FATS），尽管 AMNEs 提供了跨国公司的所有信息，但是 FATS 排除了附属公司的所属母公司的活动统计。FATS 提供了在国外市场的附属公司的商品生产和服务统计，比如销售额、产出、增值、进出口额和公司的数量等，以及其他与国际资本流动有关的财务变量统计。总的来看，FATS 可以理解为是 AMNES 数据集的一个子集，属于 BOP 表中的直接投资部分。

2.3.3　美国国际证券统计中的国际资本流动统计

国际证券是因国际间资本合理流动的要求而产生的区别于国内证券的证券类型，主要形式有国际债券和国际股票。2000 年，美国成立了国际证券交易所（International Securities Exchange，ISE）。ISE 是目前全球最大的股票期权交易所，主要上市交易股票期权，并推出了指数期权。ISE 的业务主要包括以下四个方面：一是不断引入机构参与到期权市场中，如大型

---

① 此句英文原文为 "However, BEA features statistics prepared on a majority-owned basis that can be directly compared to AMNE statistics from other countries."，这里采用的是意译。

投资银行、对冲基金等；二是发展指数期权交易；三是进行市场数据挖掘，给客户提供更有效信息咨询；四是广泛开展国际合作。目前，美国期权市场上的交易量中有一部分来自其他国家，通过与国外交易所合作，可以让国外更多的投资者看到 ISE 的产品和报价，进而参与到这个市场中来。

　　ISE 通过外国长期证券交易的账户来测量美国居民的外国证券的净购买量，这类证券被分为外国股票和外国债券，其表格内容如表 2 - 2 所示。其中外国证券包括由外国中央政府和地方政府发行的证券、由外国企业和类似组织被授权在国外发行的证券，以及国际机构或区域性组织机构所发行的证券。这些证券通过美元或者外币进行交易。由于美国在世界经济中的地位，美国国债在国际金融市场上也发挥着重要的作用。美国国债的收益率是国际债券市场的定价基准和全球债券指数的重要成分，许多国家的政府都将美国国债作为外汇储备的重要组成部分，大量的外国投资者将美国债券作为对冲利率风险的工具和资产组合的一部分。

表 2 - 2　　美国的长期国际证券交易（美国财政部证券除外）　　单位：百万美元

外国证券，美国居民净购买（ - ）或者净卖出（ + ）
股票，美国居民的购买总额 股票，美国居民销售总额 股票，美国居民的净购买总额
债券，美国居民的购买总额 债券，美国居民销售总额 债券，美国居民的净购买总额
美国证券，除美国财政部和外国官方机构的交易以外部门，外国居民的净购买为 + ，净销售为 -
股票，外国居民的购买总额 股票，外国居民的销售总额 股票，外国居民的净购买总额
企业债券，外国居民的购买总额 企业债券，外国居民的销售总额 企业债券，外国居民的净购买总额
联邦政府赞助机构债券，外国居民的购买总额 联邦政府赞助机构债券，外国居民的销售总额 联邦政府赞助机构债券，外国居民的净购买总额

　　资料来源：作者整理得到。

2.4 未被正式统计的国际资本流动

对于非法的国际资本流动，由于其隐蔽性以及其多变性，这里我们不做讨论。随着现代科技技术的快速发展，人们的经济活动受时间和空间的限制越来越小，使得国际资本流动的形式呈现出多样化。这里我们介绍三类合法的，但没被正式纳入现有统计体系的国际资本流动形式，即比特币、离岸金融市场以及离岸公司。

2.4.1 比特币

比特币（BitCoin）的概念最初由中本聪在 2009 年提出。比特币是一种虚拟货币，它根据中本聪的思路设计发布开源软件，同时基于该开源软件建构 P2P 网络，因此，比特币是一种 P2P 形式的数字货币，是一种全球通用的加密互联网货币。与采用中央服务器开发的第一代互联网不同，比特币可以看成是采用点对点网络开发的区块链。P2P 的去中心化特性与算法本身可以确保无法通过大量制造比特币来人为操控币值。基于密码学的设计可以使比特币只能被真实的拥有者转移或支付。这同样确保了货币所有权与流通交易的匿名性。目前各国政府对比特币的态度有所不同。德国和美国政府最早在 2013 年就承认了比特币的合法性。中国人民银行等五部委在 2013 年下发的《关于防范比特币风险的通知》中，认为比特币应当是一种特定的虚拟商品而不是真正意义的货币。2017 年 2 月，为响应中国人民银行"反洗钱"的号召，中国三大比特币平台关停。

比特币是经由一种称为"挖矿"的过程产生的，参与者通过处理交易验证和记录来获取作为手续费的比特币，或获取新产出的比特币。用户利用个人电脑、移动设备或网络上的电子钱包软件来交易比特币。比特币可经由"挖矿"获取，也可用来交换货物、服务，以及其他货币。越来越多的企业和个人在使用比特币。这既包括像饭店、公寓和律师事务所那样的传统企业，也包括像 Namecheap，WordPress，Reddit 和 Flattr 这样的流行在线服务。虽然比特币仍然是一个相对较新的现象，但它发展迅速。2013 年 8 月底，流通中的比特币总值超过了 15 亿美元，每天都有价值数百万美元的比特币在进行兑换。与比特币类似的电子虚拟货币还有莱特币、以太币等。据凤凰科技发布的信息显示，2017 年 6 月底，比特币的总值达到了近 415 亿美元。

现有制度下的国际资本流动，通常会经过外汇管制机构，而且交易记录一般也会被多方记录在案。而用比特币交易，直接输入数字地址，点一下鼠标，等待 P2P 网络确认交易后，大量资金就实现转移支付，不需要经过任何管理机构，也不会留下任何跨境交易记录。显然，比特币交易这种无国界、跨境交易迅速、在管理部门无记录等特点，将对未来国际资本流动带来深刻的影响。

2.4.2 离岸金融市场

离岸金融市场（offshore finance market）也叫新型国际金融市场，是指同市场所在国的国内金融体系相分离，既不受所使用货币发行国政府法令管制，又不受市场所在国政府法令管制的金融市场。离岸金融市场是一种无形市场，从广义来看，它只存在于某一城市或地区，并不存在于某个固定的交易场所，由所在地的金融机构与金融资产的国际性交易而形成。离岸金融市场的特点主要包括：第一，业务活动很少受法规的管制，手续简便，低税或免税，效率较高。第二，离岸金融市场借贷货币是境外货币，借款人可以自由挑选货币种类，该市场上的借贷关系是外国放款人与外国借款人的关系，这种借贷关系几乎涉及世界上所有国家。第三，离岸金融市场有其独特的利率体系，均以伦敦同业拆借利率（london inter bank offered rate，LIBOR）为基准利率，LIBOR 是各种货币在国际借贷过程中唯一参照标准；一般来说离岸金融市场的利率略高于国内金融市场，利差很小，更富有吸引力和竞争性。第四，离岸金融市场是一个高度国际化的金融市场，吸纳了全球范围的剩余资本和资金，交易规模大，是大型金融机构的资金融通市场，以银行间交易为主，其业务往往带有批发的性质。

在离岸金融市场中，除了大量的银行间交易之外，离岸基金的交易也非常活跃。一般来说，对冲基金通常设立离岸基金，其好处是可以避开投资人数限制和避税，通常设在税收避难所，如英属维尔京群岛（The British Virgin Islands，BVI）、都柏林（Dublin）和卢森堡（Luxembourg）等，这些地方的税收微乎其微。离岸金融市场中的对冲基金可以回避大部分管制与约束，在市场交易中负债的比率非常高，大量从事衍生金融工具交易。而一般的共同基金不能离岸设立。因此，一般离岸基金管理的资产规模都远超在岸基金。

加勒比地区是目前全球最大的避税型离岸金融中心①，同时也是全球最大财富聚集地之一。全球闻名的避税型离岸金融中心如 BVI、开曼群岛（Cayman Island）、安提瓜（Antigua）、巴哈马（Bahamas）、百慕大（Bermuda）等都在加勒比地区。加勒比地区也是全球最受欢迎的公司注册地之一，不仅美国的谷歌、微软、苹果等巨头公司注册在加勒比，中国从地产界的碧桂园，到运动品牌李宁、安踏，再到阿里巴巴、百度、奇虎360等互联网巨头，都选择注册在加勒比地区。加勒比地区金融制度成熟、金融法规健全、金融管理走在世界前列，在金融服务监管方面也采取极为开放的监管政策和优惠的税收政策，具体来说主要包括以下几个方面：第一，允许外资100%所有权；第二，资本账户完全可兑换，资本及利润可100%汇出；第三，不征所得税、资本利得税、公司税和遗产税；第四，离岸公司通过离岸金融中心可以成功绕过贸易壁垒；第五，无外汇管制，资金转移更加便利。

显然，离岸金融市场存在着"双刃剑"的效果。一方面，离岸金融市场为跨国公司在国际间进行资金储存与借贷、资本的频繁调动创造了条件；为国际收支逆差国提供了一条调节国际收支的渠道（即逆差国可到离岸金融市场上举债或筹资）；为国际资本的充分流动和大规模流动创造了条件。另一方面，离岸金融市场也给各国的国际资本流动监管带来

---

① 据加勒比商业银行的咨询信息显示，加勒比地区每年仅帮助美国企业规避的税金就高达20000亿美元以上。

了挑战；给国际资本流动现有的统计体系提出了新要求；为腐败和不法商业行为提供了一个"有效途径"；为一国金融风险的发生增加了可能性。

2.4.3 离岸公司

离岸公司一般是指在离岸地或离岸中心注册但不在当地经营，同时在登记、监管、信息披露、税务、管理和国际义务方面享有法律规定的特殊政策的商业组织。离岸公司作为一种商业组织形式，不仅限于公司（具体包括有限、无限、控股、免除、国际商业公司、股份、公众公司等公司形式），还包括信托基金和合伙企业等形式。为了吸引世界各地的人来注册离岸公司，离岸地区通常采用如下的优惠政策：一是对离岸公司免除一切税收；二是对离岸公司的内部资料进行保密；三是通过专门的中介机构即可注册公司，对股东人数无要求，也无须定期召开股东大会。

常见的离岸注册地有 BVI、开曼群岛、百慕大。BVI 位于大西洋和加勒比海之间，岛内的法律沿用英国普通法。BVI 以金融服务和旅游业为主导，旅游业占其收入的 45%，而近 50% 的政府收入来自离岸公司的牌照费。在 BVI 注册的公司，在全球所赚取的利润均无须向 BVI 政府缴税。BVI 没有外汇管制，任何货币都可以自由进出。截至 2004 年，有逾 550000 家公司在当地注册。BVI 的标准货币为美元。BVI 没有与中国或者中国香港地区签署免双重征税协议，但在 2009 年，中国与 BVI 签订了《中华人民共和国政府和英属维尔京群岛政府关于税收情报交换的协议》及议定书，并与 2010 年 12 月 30 日起生效①。

开曼群岛是在西加勒比群岛的一块英国属地，由大开曼、小开曼和开曼布拉克 3 个岛屿组成，岛内的法律沿用英国普通法。开曼群岛是全球四大离岸金融地之一、世界最大的离岸银行业中心、世界第二大离岸专属保险基地、世界著名的"避税天堂"。开曼群岛的货币是开曼群岛元。开曼

---

① 据上市公司的相关信息显示，中国移动、中国联通、TCL 国际、华润置地、光大国际、蒙牛乳业等优质公司都选择在 BVI 注册。

群岛没有外汇管制，任何货币都可以自由进出。根据百度百科上的信息显示，全世界最大的 25 家银行都在开曼设有子公司或分支机构。每年平均约有 4300 家公司在此注册成立。全球 700 多家银行在开曼群岛都有分支机构。开曼没有与任何国家签署免双重征税协议。开曼群岛与中国、美国等 20 多个国家签订纳税信息交换协定。一般认为，相较于 BVI 和百慕大，开曼群岛的保密性更高，所需要披露的信息更少。中国的百度、阿里巴巴、分众传媒、人人网等优质公司，美国的可口可乐、宝洁、苹果、英特尔等全球知名企业都选择了在开曼群岛注册。

百慕大群岛位于北大西洋，是英国历史最悠久的自治海外领地。岛内的法律沿用英国普通法。金融和旅游业是百慕大的两大经济支柱。百慕大与开曼群岛，BVI 并称为三大离岸"避税天堂"。百慕大的标准货币为百慕大元（等值于美元），百慕大没有外汇管制，任何货币都可以自由进出。一般在百慕大注册的公司可以在卢森堡、都柏林、温哥华和美国申请挂牌上市，因此，百慕大被视作在美国上市的最佳"跳板"。几乎所有投资美国的大型公司都在此设有分支或控股公司，比如中海油就在百慕大拥有子公司。另外，还有中国电力新能源发展有限公司也于百慕大注册成立，其股份在香港联合交易所主板上市。还有著名的谷歌也选择了在百慕大注册。2010 年 12 月，百慕大与中国签订纳税信息交换协定。目前，百慕大尚未与中国签订司法协作协议。

离岸公司除了具有一般公司的所有特点之外，还具有其特有的两大属性：一是离岸公司可以进行合法避税；二是离岸公司的保密性可以使得不法分子借此进行资产转移。离岸公司在中国最常见的形式是所谓的可变利益实体（variable interest entities，VIEs），即"VIE 结构"，也称为"协议控制"。具体来说是先成立一家离岸公司，然后让国内的实体公司跟离岸公司签署一系列协议，把实体公司所有的权益/债务都统统转给离岸公司；接着，这家离岸公司就可以在国外上市；如果要做其他融资，也很方便，直接联系国外的风投对这家离岸公司投资成为其股东即可。显然，大量离岸公司的成立、发展与壮大，加大了国际资本流动的复杂性和隐蔽性；同时也增加了国际资本流动统计的难度。

2.5　中国的国际资本流动统计

2.5.1　中国国际资本流动统计的发展过程

1. 起步与发展阶段

改革开放以来，中国的对外开放程度不断提高，国际资本流动的规模也随之不断增大。但我国国际资本流动统计工作的正式起步，是从 1982 年中国恢复国际货币基金组织（IMF）正式席位后才开始的。1982 年我国开始正式编制并公布年度国际收支平衡表（BOP 表），该表以海关、原经贸部、财政部、国家旅游局等各部门从行业统计角度所采集的数据为基础，最后由外管局进行汇总编制而成。这种从行政主管部门出发的数据统计方法与当时我国的计划经济体制相适应，能够满足我国对国际资本流动统计工作的需要。

随着我国社会主义市场经济体系的不断完善，旧模式的统计弊端也逐渐体现。首先，原统计模式下，各部门的统计原则不一致；其次，数据来源过多会出现重复统计；最后，伴随着经济的快速发展，国际资本流动又增加了很多新的内容，原有模式无法全面展示国际资本流动的现状。因此，这种旧的统计模式很快被代替。

为进一步统计我国国际资本的流动情况，1994 年起，国家外汇管理局开始逐步探讨新的国际收支统计体系，同时根据 IMF 的第五版《国际收支和国际投资头寸手册》（BPM5）制订了我国的《国际收支统计申报办法》。在数据来源方面，新的统计体系以国家外汇管理局的国际收支信息为主，相关部门的统计信息为辅，其他调查统计等作为补充，使得统计工作在数据质量上有了很大的提高；在数据采集方面，采用间接申报与直接申报并行的形式，大大增强了统计效率。经过十几年的发展，该体系目前已可以比较完整、全面地实现我国国际收支报表的编制，为确保我国国际资本流动统计工作的顺利展开起到了重要作用。

除了努力健全统计体系以外，近些年来我国在数据编制频率以及数据的公开透明化上也有了明显进步。1998 年起，我国正式按季度编制国际收支表；2001 年开始每半年公布一次国际收支表；2010 年我国首次公布上年度国际收支平衡表初步数据，并在同年开始按季度公布国际收支平衡表。

2. 修订与逐步完善阶段

为进一步规范化我国国际资本流动的统计工作，近年来我国修订了诸多统计制度以及规范性文件，如《国际收支统计申报办法》《金融机构对境外资产负债表及损益申报业务操作规范》等，这些文件不仅使得国际收支平衡表的编写与国际标准更加贴合，同时使我国国际资本流动的统计工作变得更加完善（国家外汇管理局国际收支司，2015）。

（1）对《国际收支统计申报办法》的修订。1996 年起我国实施的《国际收支统计申报办法》是中国国际收支统计最基本的法律法规文件，在我国国际资本流动的统计工作中发挥着至关重要的作用。随着我国对外经济的快速发展，跨境证券投资、金融衍生产品等对外金融投资的交易和存量都有了较快增长；与此同时，1996 年版的《国际收支统计申报办法》也越来越不能满足统计工作的需求，具体体现在以下几方面。第一，《国际收支统计申报办法》仅对交易进行了明确，没有对对外金融资产负债存量的范围进行规定；第二，《国际收支统计申报办法》中缺少对个人、非居民和部分金融中介机构的申报要求等；第三，在大量取消外汇管理行政审批的情况下，外汇管理职能与方式不断转变，涉外交易信息成为事后管理、间接监控和非现场监管的重要依据，需要对国际收支实行更深和更广范围的统计监测。因此，在国家外汇管理局的积极推动下，2014 年国务院以行政法规的形式重新修订并发布了《国际收支统计申报办法》。修订后的文件不仅针对最新的国际标准对申报范围和对象等内容进行了修订，而且明确了各类服务机构的报送义务，进一步强化了国际收支统计的法律保障，增强了全社会统计申报意识和法规的执行效力。

（2）对《对外金融资产负债及交易统计制度》的修订。1996 年，为统计和编制国际收支平衡表，我国曾发布了《金融机构对境外资产负债表及损益申报业务操作规程》等系列规范性文件。随着我国涉外金融交易规模的不断扩大，管制的不断放开，防范涉外经济的金融风险成为不可忽视的一项任务，而对对外金融资产负债的统计信息进行监测就是应对此类问题的重要手段之一。经过国际收支统计工作人员的多次研究讨论以及与银行等申报主体的沟通，2013 年 12 月新修订的《对外金融资产负债及交易统计制度》得以发布。

新修订的《对外金融资产负债及交易统计制度》具有以下特点：一是内容上完全按照 IMF 的第六版《国际收支和国际投资头寸手册》（BPM6）设计，体现了国际标准与前瞻性，同时对于国内没有的交易类型及与国际上存在较大差异的项目提出了具体的报送要求；二是对统计工作的后续上报形式进行了新的规定，采用数据流表示和要素式；三是精简申报主体，让拥有集中信息的主体进行申报，减轻其他机构的负担；四是通过开发并开放系统查询端口的方式发挥统计数据的服务功能，方便申报主体进行数据的查询预分析，实现了互惠共赢（国家外汇管理局国际收支司，2015）。

总体来看，虽然目前我国的金融与资本账户还没有完全开放，国际收支统计工作还存在很多需要完善的地方，但我国的 BOP 表统计已经基本与国际接轨。我国的 BOP 表统计无论是从数据的采集，还是从数据质量的监控，或者是数据的发布来看，都基本上与 IMF 提出的国际标准相符。

2.5.2 中国国际资本流动统计工作的现状

从 1982 年至今，中国一直遵循国际货币基金组织的有关规定，按照其统计标准编制和报送国际收支报表数据。2009 年，在 IMF 发布 BPM6 后，中国根据最新的相关要求改进了我国际收支相关统计制度，并完善了相关统计方法。新修订的《国际收支统计申报办法》规定了国家外汇管理局的相关职能，同时又对政府相关部门的辅佐工作进行了阐明，为我国国际收支平衡表的有序编写创造了良好的法律制度环境。

在数据采集方面，原则上中国国际收支平衡表涵盖中国居民与非中国居民之间发生的一切经济交易，但实际统计的经济体范围仅涵盖中国大陆；同时受数据采集难度所限，部分国际收支交易存在未采集或未完整采集的可能性，如雇员认股期权、境外投资房地产、间接测算的金融服务费用等；除此之外，对于违反法律或规定的非法行为产生的国际资本流动，如通过地下钱庄所进行的资金转移和交易，都未能列入国际资本流动的测算体系中，在国际收支平衡表中更是没有体现。目前，中国的国际收支统计体系的数据主要来源于非金融部门的国际交易报告系统（international transaction reporting system，ITRS）、金融部门的直接申报、企业的抽样调查统计等；除此之外，中国国际收支统计的数据源还包括中国其他政府部门的统计以及国际组织的数据。

在数据整理和加工与发布方面，根据最新《国际收支统计申报办法》的规定，国家外汇管理局负责国际收支统计数据的采集、加工和发布。其中，国际收支司工作人员主要通过计算机系统进行数据采集，负责国际收支数据的汇总及编制，同时对数据进行核查，确保数据质量；在国际收支统计数据合作方面，国家外汇管理局与国家统计局、海关、人民银行、商务部、证监会、国家旅游局等部门均保持良好的数据合作关系，定期共享编制国际收支平衡表所需数据源，并就统计标准调整等事项随时进行沟通。目前，国家外汇管理局按季度发布中国国际收支平衡表，发布渠道为：国家外汇管理局官方网站（http://www.safe.gov.cn），网站上有中国国际收支平衡表的概念框架、统计范围、分类、记录原则、数据源和统计方法。同时自 2014 年起，国家外汇管理局按月度发布国际收支平衡表中的国际服务贸易统计数据，2015 年起又调整为按月度发布国际收支平衡表中的国际货物和服务贸易统计数据。

目前，从我国国家外汇管理局网站上可找到 BPM5 下 1982～2014 年的中国国际收支平衡表数据，以及 BPM6 下部分年份的中国国际收支平衡表数据。两类表中包含年度 BOP（人民币），季度 BOP（人民币），年度 BOP（美元），季度 BOP（美元）四种类型数据。自 2016 年第一季度起，国家外汇管理局在现有美元及人民币的基础上公布以特别提款项（SDR）计值的国际收支平衡表，折算汇率为 IMF 官方网站公布的美元兑 SDR 季度平均汇率。

2.5.3 中国国际收支平衡表（BOP 表）新旧版本比较说明

由于中国的 BOP 表旧表是以 BPM5 为标准来进行编制的，而新表是以 BPM6 为标准进行编制的，因此这里对中国 BOP 表新旧版本的比较将以 BPM5 和 BPM6 的差别比较为基础来展开。

1. 统计原则及概念的调整

在会计原则上，BPM5 规定"所有权变更"可能是法律上、事物上的或经济意义上的变更，而在 BPM6 中，则明确指出了"经济所有权的变更"这一术语，强调变更是指货物、非生产非金融资产和金融资产交易记录时间的变更。在新版的 BOP 表中，金融账户开始使用"金融资产净获得"和"负债净产生"，替换了之前的"借方"和"贷方"，这样更有利于国际账户交易流量和存量变动的记录保持一致，更好地反映一个会计期内所有贷方和借方分录带来的净变化。

在单位和机构部门上，BPM6 包括了国民经济核算体系（SNA）机构部门的全部分类，并对央行及央行以外的存款性公司修订了其部门分类，使其更符合国民账户体系，但是在定义储备资产时，可仍延续货币当局这一概念。BPM6 将其他金融公司部门作为标准组成部分，给予了较高的地位，而 BPM5 则将此类公司与非金融公司和住户一起归为"其他部门"。此外，BPM6 在外国直接投资的定义和分类中引入了企业集团的概念，即驻在同一经济体下的相关企业可被用来统计直接投资的行业或部门。

在国际收支交易范围上，BPM6 中"拖欠"和"移民转移"不再像 BPM5 中一样被作为交易处理。

2. 账户内容及其他方面的调整

在经常账户上，第一，BPM5 将加工贸易统计归入了货物贸易，但在 BPM6 中，加工贸易不涉及所有权的转移，因此记入服务贸易下；第二，转手贸易是指居民从非居民那里购买货物，同时将货物转售给另一个非居民，货物在该居民所在国并不出现，但因为在转手贸易中货物的所有权发生了转移，所以中国 BOP 表新版将其计入货物贸易中的一般贸易，且计价时采用交易价格而不是离岸价格进行估价；第三，"在港口购买的货物"不再是标准组成项，而被归为一般贸易；第四，在货物数据统计方面，新版 BOP 表强调国际收支口径下的货物贸易统计与海关统计有一定差异，而海关数据又是最常见的国际商品贸易统计数据的来源，所以新版 BOP 表在范围、时点选择、估价和分类等方面对海关数据进行调整，进而得到国际收支口径下的货物贸易数据；第五，在表述上，部分交易项目的名称有些许改动，"收益"和"经常转移"变为"初次收入"和"二次收入"，以便与 SNA 保持一致；除此之外，"初次收入"中新增"其他初次收入"，"货物""服务"等项目中的细项也有微小变动。

在资本和金融账户上，第一，BPM6 中关于非生产/非金融资产的涵盖范围较 BPM5 而言有了一定改动，专利权和版权不再作为非生产资产，而是归类于其他商业服务中的研发服务项；第二，直接投资根据直接投资关系做了进一步细分，包括直接投资企业中的直接投资者、直接投资者中的直接投资企业（逆向投资）和联属企业间的直接投资；第三，旧版下的金融工具分类与职能部门类别较易混淆，新版主要采用以《货币与金融统计手册》和国民账户统计一致的、更为确定的金融工具分类，即股权、债务工具、金融衍生产品和其他工具四大类；第四，资产净增加从旧版的用负值表示调整为目前的用正值表示；第五，金融账户净变动为正值代表当期对外金融资产净增加或负债净减少，与旧版下的表达完全相反；第六，旧版 BOP 表中将储备资产单列形成了经常和资本（金融）账户双顺差的格局，而修订后的国际收支平衡表将储备资产列入金融账户中；第七，金融账户下直接投资的列式发生了变化，由原来的方向原则（即先区分对内或对外直接投资，再按照功能进行分类）改为采用资产/负债原则进行统计描述，采用这种方式编制国际收支平衡表后，表中将不能分别反映出当期对外或对内直接投资的发生额和撤资额，只能反映投资额与撤资额相减后对外或对内直接投资的资产或负债净增减额；第八，直接投资下新增"联属企业之间"项，其他投资下新增"其他股权"项和"保险、养老金和标准担保计划"项。

2.5.4 中国国际资本流动统计与国际标准相比存在的不足

1. 数据方面

与国际机构特别是 IMF 制定的 BPM6 标准相比，中国国际资本流动统计在具体数据统计方面还存在以下几个方面的不足。

第一，对外金融资产负债的统计内容存在缺失。随着我国与世界的交流不断加强，我国居民所持有的境外资产存量也越来越大，但我国目前在对外资产方面的统计总体看来不够全面。现有的统计只能捕捉到金融机构（主要是银行）的境外资产，对于其他机构和个人的境外资产统计信息则十分有限。

第二，缺少某些重要项目如金融衍生产品、雇员认股权等的统计。在 2000 年 IMF 发布的 BPM5 补编版本中，就已经将金融衍生工具单列出来，与直接投资、证券投资等并列成为金融账户的一级细目。但由于以前我国的金融衍生产品交易非常少，所以我国编制的平衡表和头寸表都没有统计并单列此项目。在 BPM6 中，IMF 又新增了投资基金份额、雇员认股权以及保险、养老金和标准化担保计划等项目的统计。随着金融衍生产品的快速发展，这些项目对我国国际收支统计的影响也越来越大，相关统计需要尽快补上，与国际标准接轨。

第三，缺少间接测算的金融中介服务（financial intermediation services indirectly，FISIM）等估算数据。BPM6 规定，某些项目，如间接测算的金融中介服务以及保险服务价值均需进行推算，但目前我国这方面的统计还很薄弱，未能达到国际标准。

第四，数据采集范围不够准确。原则上，中国国际收支平衡表应涵盖中国居民与非中国居民之间发生的一切经济交易，但在编写 BOP 表时我国的经济体范围仅涵盖了中国大陆，所以目前对于我国国际资本流动现状的统计应该是不全面的。

第五，数据的时效性仍需加强。目前我国在数据发布、数据修订上还没有完全达到 BPM6 的要求。BPM6 要求提供时间序列数据，且将各时期的概念和编制保持做法上的一致，以尽量减少序列的"断裂"和"跳跃"，如果定义和方法有所修改，应向使用者明确表明，并将修改带来的影响进行细化，最好有一个并行期。显然，我国国家外汇管理局对中国 BOP 表修订后，前后两套数据并没有并行期。

2. 其他方面与 BPM6 的差距

第一，我国目前编制的国际收支平衡表在国别、币种、期限等方面仍达不到 BPM6 的要求。BPM6 提出了按伙伴国经济体即按照国别编制国际收支数据的要求，但我国目前只在服务贸易项下进行了国别细分。此外，为分析各国金融的脆弱性风险，为资产负债表的分析方法提供支持，BPM6 更强调关注资产负债的币种和期限结构，但目前我国的统计还不能完全满足这些要求。

第二，我国间接申报的统计原则与 BPM6 的要求存在区别。国际收支间接申报是我国国际收支统计的一个重要来源。虽然间接申报覆盖了所有的跨境交易以及境内的非居民交易，且能很好地进行国别、币种等细分，但是间接申报统计原则本身与 BPM6 的要求不完全一致的，有一定的统计误差。例如，间接申报是以收付实现制进行交易统计的，而 BPM6 要求按权责发生制进行统计，这样间接申报与该要求相比不可避免地会存在误差。

第三，除了需要根据 BPM6 对国际收支平衡表的表式进行修改外，我国在某些项目的设置及分类上也与 BPM6 存在不一致的地方。如国际收支平衡表的服务项目下，我国的分类与 BPM6 的设置不完全一致，没有将个人、文化和娱乐服务单列出来，其他商业服务也未进行进一步划分。

第四，直接投资统计不符合 BPM6 的要求。BPM6 要求采用"直接投资关系框架"确定直接投资关系，并将直接投资分为三类：直接投资者对直接投资企业的投资、逆向投资和联属企业之间的投资，同时引入了过境资金和返程投资的概念，这些对我国统计工作而言都是很大的挑战。目前，我国的直接投资统计仅反映了境内外第一层的直接投资关系，尚没有按直接投资关系框架建立的统计以及按最终投资者国别的统计。由于中国的直接投资企业众多，且投资关系复杂，因此客观上也造成按 BPM6 原则进行统计存在相当大的难度。

2.5.5　中国国际资本流动统计的挑战

目前，我国国际资本流动的统计滞后于涉外业务的创新，而近些年来我国涉外经济发展十分迅速，新产品、新业务不断涌现，这从客观上给我国国际资本流动的统计工作带来了新的困难和挑战（吴文斌等，2016）。具体来说，我国国际资本流动统计面临如下几个方面的挑战。

第一，互联网和移动通讯技术的快速革新所带来的挑战。目前，互联网与移动通讯技术的快速发展，使得市场主体办理涉外收付款和结售汇业务有了更便利的选择，电子银行、支付宝等途径逐渐取代了柜面的办理流程，但涉外业务的这种非柜面化也加大了国际收支统计数据质量风险。这种由于新技术的出现而带来的大量非柜面化业务，给国际资本流动统计带来的挑战之一在于，申报主体分散，流动性强，银行很难全面了解客户信息；挑战之二在于，银行申报人员可能由于不能与客户直接联系使得申报不能第一时间进行。

第二，直接申报工作面临较大挑战。我国从 2014 年起开始报送对外金融资产负债及交易数据，这较从前的银行间接申报而言，工作难度有了明显增加。首先，对于尚未纳入对外金融资产负债及交易统计申报主体的非金融机构和个人，从无到有的数据采集任务艰巨；其次，直接申报主体人员素质参差不齐，沟通、培训成本较高；最后，国家外汇管理局缺少对直接申报主体管理的抓手，对进行间接申报的外汇指定银行可以通过银行执行年度考核进行约束，而对于贸易信贷调查企业和对外金融资产负债及交易统计的非银行金融机构，并无有效约束措施，调查企业和非银行机构常有不配合调查的情况出现。

第三，现有的工作机制面临挑战。首先，银行的国际收支统计申报工作对新政策新方法的传达，主要依赖于上级传达的学习模式，使得工作存在滞后性。其次，银行的轮岗机制经常使得新手无法快速掌握方法而影响到数据申报的质量。

第四，与 BPM6 的国际标准还存在不少差距。上一小节中分析了我国

BOP 表统计中与国际标准 BPM6 中存在的种种差距，如何尽快尽量达到该国际标准的要求，缩小差距，显然是我国国际资本流动统计工作面临一项基本挑战。

第五，对直接申报数据如何进行质量控制也是我国国际资本流动统计面临的一项挑战。对于间接申报数据，我国国家外汇管理局已经有较多经验和方法对数据的质量进行审查，如调阅留存资料、对比会计流水、进行侧重真实性完整性的现场核查、进行非现场核查等，但对于直接申报而言，如何对直接申报数据质量进行管理控制，仍处于探索阶段。

2.5.6 完善我国国际资本流动统计的几点建议

综合前面的分析，我们发现，我国国际资本流动统计近几年来取得了很大的进步，但同时也还存在着不少问题，面临着不少挑战，这里对完善我国国际资本流动统计给出几点建议。

第一，加强对国际资本流动统计国际标准的学习与研究，不断完善我国国际资本流动统计。目前，我国国际资本流动统计虽然已经与国际标准接轨，采用了 IMF 的最新 BPM6 标准，但与 BPM6 的要求还存在不少差距。因此，需要持续学习研究发达国家与国际机构在国际资本流动统计方面的经验，不断完善我国国际资本流动统计工作。例如，在数据估算方面，由于 BPM6 新增了一些在实际的国际收支统计操作中较难统计的内容和项目，如包括间接测算的金融中介服务费等内容的金融服务、金融工具的投资利息等，需要按照一定的估算方法进行统计和编制，BPM6 对此类交易提供了一些估算方法，我们应尽快学习并将其应用到实际统计工作当中去。

第二，加强现有制度的建设、完善、修订、实施与反馈工作，为我国国际资本流动统计工作的高质量进行提供制度保障。虽然我国相关部门2013 年修订了《对外金融资产负债表及交易制度》，2014 年重新修订并发布了《国际收支统计申报办法》，2014 年 5 月正式启用了新修订的《涉外收支交易分类与代码》，2016 年新下发了《通过银行进行国际收支统计申报业务指引（2016 版）》①，但这些制度在未来的实践工作过程中仍存在着检验、反馈与再修订的需要。

第三，结合我国的国情，在实践中创新与完善我国的国际资本流动统计。尽管在客观上我们最好能与国际标准保持一致，但由于我国人口多、地区差异大、经济政治制度仍在发展成熟过程中，因此在我国国际资本流动统计的实际过程，一定需要在国际标准的基础上，结合我国国情，有目的有针对性地进行一些创新。

第四，持续关注其他形式的国际资本流动统计。目前，其他类的国际资本流动形式总体说有两大类，一是非法的国际资本流动，二是合法但未被统计的国际资本流动。随着经济全球化的快速发展、新技术的快速发展以及全球金融的深度融合，上述两类形式的国际资本流动的规模都在快速增加，这不仅仅需要引起类似 IMF 这样的国际机构的关注和研究，更应该引起作为发展中大国和全球经济大国的中国的相关政府部门的持续关注。

---

① 新下发的《通过银行进行国际收支统计申报业务指引（2016 版）》无疑是对理想的国际收支统计体系的又一次靠近。一方面，该指引涉及的国际组织的身份认定、居民与非居民联名账户性质认定等内容更加符合 BPM6 标准；另一方面，通过梳理间接申报的各项原则，明确了特殊、新兴、创新业务的申报方式，并且以图表的形式展示了复杂的贸易融资申报实例，能够使银行更为系统、直观地了解国际收支统计申报的准则，便于查找和举一反三，有助于提高银行申报工作的专业性，从根源上保证了申报数据的质量（吴文斌等，2016）。

第3章
短期国际资本流动测算方法及其改进

短期国际资本流动的测算方法会受到短期国际资本流动定义的影响，不同的定义通常会对应着不同的测算方法。本章首先将对短期国际资本流动的测算方法进行比较与评述；其次从理论上梳理并证明短期国际资本流动测算的两大主要方法——直接法与间接法的逻辑关系；最后在前面两节的基础上，对短期国际资本流动的两大主要方法——直接法和间接法进行改进设计。

3.1 短期国际资本流动的测算方法评述

由于短期国际资本流动的定义不同，因此相应的其规模的测算方法也不同。不同学者对于短期国际资本流动规模测算方法的分类不同。班尔·施奈德（2003）根据对短期资本流动的定义不同，将短期资本流动规模的测算方法分为三种，即广义测算法、Dooley 法和非法资本流动测算法。刘仁伍等（2008）将短期资本流动规模的测算方法分为五类，即基于净误差和遗漏项的非直接投资净额调整法、基于分项调整的非直接投资净额调整法、直接法（也称 Cuddington 法）、间接法（也称剩余法）、克莱因法（Cline 法）。张明（2011）根据现有的文献，将短期国际资本流动规模的测算方法总结为三种：即直接法、间接法和混合法（也称 Dooley 法）。雅斯敏和塔尔哈（Yasemin and Talha，2012）则将短期国际资本流动规模的测算方法总结为四种，即直接法、间接法和混合法和贸易伪报法（trade misinvoicing method）。

实际上，班尔·施奈德（2003）的广义测算法包含了间接法和直接法；而刘仁伍等（2008）所提到的两种非直接投资净额调整法可以看成是直接法的两种变形，克莱因法则可以看成是间接法的一种变形；班尔·施奈德（2003）的非法资本流动测算法其实与雅斯敏和塔尔哈（2012）的贸易伪报法相同，这种方法只是测算了非法的短期国际资本流动，而并不能测算出短期国际资本流动的全部。此外，Dooley 法由于对利率的水平与结构、编制投资收益的报告程序等因素相当敏感，而存在大量测量误差，应用较少（Schneider，2003）。因此，这里将主要对间接法和直接法进行文献评述，同时对其他类文献也进行一个简单的归纳。

3.1.1　直接法评述

直接法最早由卡丁顿（Cuddington，1986）提出，其主要思想是将 BOP 表中的净误差与遗漏项视为反映短期国际资本流动的一个基础项目，然后加入 BOP 表中其他可能包含短期国际资本流动的项目，进而得到短期国际资本流动规模。相对于间接法，用直接法测算短期国际资本流动的研究文献相对较少。表 3 – 1 对直接法所用的测算指标、测算公式与相应文献进行了比较分析。从表 3 – 1 的文献比较中可以看出，第一，直接法的计算公式有 11 种，都是基于净误差与遗漏项或其调整项，添加其他相关指标。第二，所添加的指标中，进出口伪报额、金融项目下的短期投资、其他部门其他短期资本项目三项指标相对使用较多。第三，对于指标的调整项的调整方法，基本上有两种：一种是根据经验分析估计出一个调整系数进行调整；另一种是基于各种均值进行调整。

表 3 – 1　　　　　　　直接法测算指标、计算公式与文献比较

所用指标	文献
净误差与遗漏项（A） A 项调整（AT1）：用发达国家 A 项占贸易总量的比例进行调整 A 项调整（AT2）：估算一个比例（40%）对 A 项进行直接调整	直接法中的多数文献 仁惠（2001） 刘仁伍等（2008）；王信（2005）

续表

所用指标	文献
经常项目差额（C）	
贸易顺差（C1） C1 项调整（C1T1）：实际值减去移动平均值	刘亚莉（2008）
进出口伪报额（C2） C2 项调整（C2T）：用进出口总额乘以某个系数（1%）进行调整	杨海珍等（2000）；任惠（2001）；兰振华等（2008）；张明（2011） 刘仁伍等（2008）
收益差额（C3） C3 项调整（C3T）：实际值减去前 5 年收益均衡值	尹宇明等（2005）
经常转移差额（C4） C4 项调整（C4T1）：实际值减去移动平均值 C4 项调整（C4T2）：用实际值乘以系数（40%）进行调整	刘亚莉（2008） 刘仁伍等（2008）
资本和金融项目差额（D）	刘仁伍等（2008）
直接投资差额（D1）	刘仁伍等（2008）
外商直接投资差额（D11） D11 调整项（D11T1）：实际值减去模型预测值 D11 调整项（D11T2）：估算一个比例（30%）对 D11 进行调整	尹宇明等（2005） 刘仁伍等（2008）
证券投资差额（含股本证券和债务证券）（D2）	Kant（1996）
金融项目下其他投资的短期项目（含短期贸易信贷、短期贷款、货币与存款、其他短期资产）（D3） D3 调整项（D3T）：实际值减去指数平滑预测值	尹宇明等（2005）
金融项目下短期投资（含货币市场工具、短期贸易信贷、短期贷款、货币与存款、其他短期资产）（D31）	曲凤杰（2006）；兰振华等（2008）；张明（2011）
贸易信贷项目 D32 D32 调整项（D32T）：实际值减去来料加工和正常的贸易信贷	杨海珍等（2000）；任惠（2001）
其他部门其他资本项目 D33	杨海珍等（2000）
其他部门其他短期资本项目 D34	Cuddington（1986）；Kant（1996）；杨胜刚等（2000）；修晶等（2002）；尹宇明等（2005）

所用指标	文献
直接法计算公式（短期资本流动：SCF1）	

（1）SCF1 = A + D34；Cuddington（1986），Kant（1996），杨胜刚等（2000），修晶等（2002）。

（2）SCF1 = A + D34 + D2；Kant（1996）。

（3）SCF1 = A + D32 + D33 + C2；杨海珍等（2000）。

（4）SCF1 = AT1 + D32T + C2；任惠（2001）。

（5）SCF1 = A + D34 + C3T + D11T1 + D3T；尹宇明等（2005）。

（6）SCF1 = A + D31；曲凤杰（2006）。

（7）SCF1 = A + D31 + C2；兰振华等（2008）。

（8）SCF1 = A + C1T1 + C4T1；刘亚莉（2008）。

（9）SCF1 = AT2 + D − D1；刘仁伍等（2008）。

（10）SCF1 = A + C2T + C4T2 + D11T2；刘仁伍等（2008）。

（11）A + D31 + C2；张明（2011）。

资料来源：Shi, G., & Lian, Z. E. (2014). The Calculation of Chinese Short – Term International Capital Flow：Based on BOP. *International Journal of Economics and Finance*, 6, 103 – 117.

总结直接法的研究文献，可以发现这类研究文献中存在以下三个共性，第一，都是基于卡丁顿（1986）的算法思想，没有从理论上考虑与间接法测算结果的关系。第二，都认为直接法测算的结果容易低估实际的短期国际资本流动规模。其中，张明（2011）认为其所提出的直接算法是直接算法中最宽口径的算法，这一观点值得商榷。我们认为，判断直接算法口径的宽窄不在于添加项目的多少，而在与对短期国际资本流动可能存在的形式分析的全面性。第三，对测算结果没有提出检验的方法和标准，只是进行了简单的分析。

3.1.2　间接法评述

间接法又称剩余法（residual method），最早由世界银行（1985）提出，其基本思想是将对外债务增加和外国直接投资净流入这两项视为本国的"资金来源"，将官方储备增加和经常项目逆差这两项视为"资金运用"，资金来源与资金运用之间的差别即为短期国际资本流动规模。相对于直接法，研究文献中采用间接法来测算短期国际资本流动规模的较多，一般认为主要原因是直接法有两个方面不足：一是直接法所用到的基础项——净误差和遗漏项是一个平衡项，既可能由隐蔽性的短期国际资本流动造成，也可能由统计误差造成。二是直接法假定没有加入到计算公式之外的项目不包含短期国际资本流动，这容易造成计算结果的低估。

表3-2对间接法所用的测算指标、测算公式与相应文献进行了比较分析。从表3-2的文献比较中可以看出：第一，间接法的测算公式约有二十多种形式，都是基于外汇储备增量或其调整项，减去一些长期资本流动项。第二，所添加的指标中，经常项目差额、贸易顺差、直接投资、外债增量四个指标使用相对较多。第三，对于指标的调整项所用的调整方法，基本上都是根据经验分析估计出相关的调整系数进行调整。

表3-2   间接法测算指标、计算公式与文献比较

所用指标	文献
外汇储备增量（B）	World Bank（1985）
B项调整（BT1）：用外汇占款增量代替调整	刘亚莉（2008）；林松立（2010）；严启发（2010）；张明（2011）；李慧勇（2011）
B项调整（BT2）：用货币当局外汇资产增加额代替调整	张斌（2010）
B项调整（BT3）：剔除汇率变动造成的储备价值变动进行调整	徐高（2007）；张明（2008）
B项调整（BT4）：剔除汇率变动造成的储备价值变动与储备投资收益，加上央行对中投的转账等进行调整	张明等（2008）
经常项目差额（C）	World Bank（1985）；Morgan Guaranty Trust Company（1986）；Cline（1987）；宋文兵（1999）；杨海珍等（2000）；李晓峰（2000）；杨胜刚等（2000）；修晶等（2002）；Schneider（2003）；陈学彬等（2007）；余姗萍等（2008）；刘仁伍等（2008）；严启发（2010）；Yasemin and Talha（2012）
贸易顺差（C1）	谢国忠（2005）；国家统计局国际统计信息中心（2006）；王世华等（2007）；Michaelson（2010）；徐高（2007）；刘亚莉（2008）；张斌（2010）；国家外汇管理局（2011）

续表

所用指标	文献
C1 项调整（C1T2）：用货物贸易与服务贸易顺差替代调整	冯彩（2008）；张明（2011）
C1 项调整（C1T3）：用出口额乘以一个比率进行调整	林松立（2010）
C1 项调整（C1T4）：减去贸易顺差中隐藏的资本流动	张明（2008）；张明等（2008）
C1 项调整（C1T5）：用前四年各月贸易顺差的移动平均值替代	张谊浩等（2008）
C1 项调整（C1T6）：减去贸易账户中外国企业投机性资本流入	李慧勇（2011）
旅游差额（C11）	Cline（1987）；刘仁伍等（2008）
进出口伪报额（C2）	宋文兵（1999）；杨海珍等（2000）；李晓峰（2000）；严启发（2010）；张明（2011）
投资收益差额（C31）	Cline（1987）；刘仁伍等（2008）
职工报酬差额（C32）	张明（2011）
海外投资收益（C33）	国家外汇管理局（2011）；李慧勇（2011）
经常转移差额（C4）	李慧勇（2011）
政府部门经常转移（C41）	张明（2011）
直接投资差额（D1）	World Bank（1985）；Morgan Guaranty Trust Company（1986）；Cline（1987）；宋文兵（1999）；杨海珍等（2000）；李晓峰（2000）；杨胜刚等（2000）；修晶等（2002）；Schneider（2003）；国家统计局国际统计信息中心（2006）；王世华等（2007）；Michaelson（2010）；陈学彬等（2007）；余姗萍等（2008）；徐高（2007）；张谊浩等（2008）；冯彩（2008）；刘仁伍等（2008）；刘亚莉（2008）；林松立（2010）；张斌（2010）；严启发（2010）；张明（2011）；国家外汇管理局（2011）；Yasemin and Talha（2012）
D1 调整项（D1T1）：实际值减去外商直接投资（foreign direct investment，FDI）中隐藏的资本流动	张明（2008）；张明等（2008）
D1 调整项（D1T2）：用 FDI 中的货币部分减去投机部分再减去中国对外的 FDI 替代调整	李慧勇（2011）
外商直接投资差额（D11）	张明（2011）
海外直接投资差额（D12）	宋文兵（1999）；李晓峰（2000）

续表

所用指标	文献
外国对华股市证券投资（股本证券负债）（D21）	宋文兵（1999）；杨海珍等（2000）；李晓峰（2000）
海外证券投资增量（D22）	宋文兵（1999）；李晓峰（2000）；张明（2011）；国家外汇管理局（2011）；李慧勇（2011）
债权资本流入（D23）	杨海珍等（2000）
外国股权与长期债券投资（D24）	张明（2011）
金融项目下短期投资（含货币市场工具、短期贸易信贷、短期贷款、货币与存款、其他短期资产）（D31）	刘仁伍等（2008）
贸易信贷项目（D32）	宋文兵（1999）；杨海珍等（2000）
商业银行海外净资产增量（D35）	Morgan Guaranty Trust Company（1986）；Cline（1987）；宋文兵（1999）；杨海珍等（2000）；严启发（2010）
对外贷款增量（D36）	宋文兵（1999）
外国其他投资净流入（D37）	李晓峰（2000）
对外其他投资净流出（D38）	李晓峰（2000）；张明（2011）
外国其他长期投资（D39）	张明（2011）
外债增量（存量）（D4）	World Bank（1985）；Morgan Guaranty Trust Company（1986）；Cline（1987）；宋文兵（1999）；杨海珍等（2000）；李晓峰（2000）；徐高（2007）；刘仁伍等（2008）
D4 项调整（D4T）：用外债增量的流量进行调整	杨胜刚等（2000）；修晶等（2002）；Schneider（2003）；严启发（2010）；Yasemin and Talha（2012）
短期债务增量（D41） D41 调整（D41T）：实际值减去短期债务增量中的投机部分	李慧勇（2011）
正常的非银行部门资本外流（资本账户差额）（D5）	严启发（2010）

间接法计算公式（短期资本流动：SCF2）

(1) $SCF2 = B - C - D1 - D4$；World Bank（1985）。

(2) $SCF2 = B - C - D1 - D4 + D35$；Morgan Guaranty Trust Company（1986）。

(3) $SCF2 = B - C - D1 - D4 + D35 + C31 + C11$；Cline（1987）。

(4) $SCF2 = B - C - D1 - D4 - D23 - D21 + D35 + D32 - C2$；杨海珍等（2000）。

(5) $SCF2 = B - C - D1 - D4 - D21 - D37 + D12 + D22 + D38 - C2$；李晓峰（2000）。

所用指标	文献
间接法计算公式（短期资本流动：SCF2）	

（6）$SCF2 = B - C - D1 - D4T$；杨胜刚等（2000）；修晶等（2002），Schneider（2003），Yasemin and Talha（2012）。

（7）$SCF2 = B - C1$；谢国忠（2005）。

（8）$SCF2 = B - D1 - C1$；国家统计局国际统计信息中心（2006），王世华等（2007），Michaelson（2010）。

（9）$SCF2 = B - D1 - C$；陈学彬等（2007），余姗萍等（2008）。

（10）$SCF2 = BT3 - D1 - C1 - D4$；徐高（2007）。

（11）$SCF2 = B - D1 - C1T5$；张谊浩等（2008）。

（12）$SCF2 = B - D1 - C1T2$；冯彩（2008）。

（13）$SCF2 = B - D1 - C - D4 + D31$；刘仁伍等（2008）。

（14）$SCF2 = B - C - D1 - D4 + C11 + C31$；刘仁伍等（2008）。

（15）$SCF2 = BT1 - D1 - C1$；刘亚莉（2008）。

（16）$SCF2 = BT3 - D1T1 - C1T4$；张明（2008）。

（17）$SCF2 = BT4 - D1T1 - C1T4$；张明等（2008）。

（18）$SCF2 = BT1 - D1 - C1T3$；林松立（2010）。

（19）$SCF2 = BT2 - D1 - C1$；张斌（2010）。

（20）$SCF2 = BT1 - C - D1 - D4T + D35 + D5 - C2$；严启发（2010）。

（21）$SCF2 = BT1 - C1T2 - C32 - C41 - D1 - D24 - D39 + D11 + D22 + D38 + C2$；张明（2011）。

（22）$SCF2 = B - D1 - C1 - C33 - D22$；国家外汇管理局（2011）。

（23）$SCF2 = BT1 - C1T6 - D1T2 - D41T - C33 - C4 - D22$；李慧勇（2011）。

资料来源：Shi, G., & Lian, Z. E. (2014). The Calculation of Chinese Short – Term International Capital Flow：Based on BOP, *International Journal of Economics and Finance*, 6, 103 – 117.

总结间接法的研究文献，可以发现这类研究文献存在以下三个共性：第一，都是基于世界银行（1985）提出的算法思想，没有从理论上分析间接法与直接法的关系。第二，认为直接法会低估短期国际资本流动规模，而间接法尽管容易高估短期国际资本流动规模，但相对更为准确。第三，对测算结果没有相应的检验方法和标准。

3.1.3 其他类文献评述

对短期国际资本流动规模的测算还有一类文献，其利用直接法和间接法的不同计算公式计算之后，再将所得的计算结果进行简单加权平均作为最终的测算结果。如曲凤杰（2006）、陈瑾玫等（2012）在对直接法、间接法、克莱因法测算结果进行比较分析的基础上，再将三种方法求平均得到最终测算结果；刘仁伍（2008）利用五种不同的计算公式计算中国的短期国际资本流动，最后对这五个结果进行了简单加权平均，作为最终的结果。理论上讲，如果单个的测算结果同时左偏或右偏于真实值，则简单平均所得的结果就不是最佳的结果；如果两个单个的测算结果一个左偏一个右偏，则简单平均所得的结果可能是最佳的。因此，简单的数学处理方法，并不是提高测算结果准确性的一个有效的研究方向。

前面所提到的各种测算文献中，绝大多数只是测算了短期国际资本流动的年度数据结果，仅仅有少数测算了短期国际资本流动的月度数据结果，如张明（2011）、李梅等（Mei Li et al.，2012）利用间接法测算短期国际资本流动规模的月度值。而在短期国际资本流动的监测与监管中，高频度的测算结果更具有应用价值，因此尽管月度指标数据相对较少，月度短期国际资本流动的测算结果可能相对粗略，但对月度短期国际资本流动的测算仍具有重要的意义。下面将对月度短期国际资本流动的测算这一类文献进行简单的综述。

现有文献中对短期国际资本流动月度规模的测算一般基于间接法。徐高（2007）采用间接法的测算公式"资本外逃＝净国外直接投资＋贸易盈余＋外债增量－外汇储备增量"来测算中国短期国际资本流动的月度规模，其月度外债增量的数据通过对季度数据采用线性插值法获得。王世华和何帆（2007）采用"外汇储备增量－净出口额－净 FDI"来测算中国短期资本流动的月度规模。陈学彬（2007）采用"外汇储备增量－经常项目差额－FDI"来测算中国短期资本流动月度规模。刘莉亚（2008）则采用"外汇占款增量－FDI－贸易顺差"来测算中国短期资本流动月度规模。陈浪南和陈云（2009）用非贸易及 FDI 资本流动来表示短期国际资本流动（非贸易及 FDI 资本流动＝外汇储备增量－净出口－FDI 资本流入）。张明（2011）采用"月度外汇占款增量－月度货物贸易顺差－月度实际利用 FDI"粗略估算我国短期国际资本流动规模的高频数据。此外，在假定贸易顺差和 FDI 中没有短期性资本的前提下，朱孟楠和刘林（2010），赵文胜、张屹山和赵杨（2011），吕光明和徐曼（2012）采用与张明（2011）类似的测算公式计算中国短期国际资本流动月度规模。李梅等（2012）在张明（2011）的基础上考虑贸易中的投机资本流入和中国的对外直接投资，将中国短期国际资本流动月度规模的测算公式定义为"短期国际资本流入 = 月度外汇占款增量 − 月度贸易盈余 − 月度实际利用 FDI + 贸易中的投机性资本流入 + 中国对外直接投资"。从现有文献来看，对短期国际资本流动月度规模的测算主要基于三个方面的指标，即外汇储备、出口和FDI。由于中国许多相关的月度测算指标的不可获得性，采用间接法测算出的短期国际资本流动的月度规模容易被高估。

对于短期国际资本流动季度数据的测算，现有的文献较少涉及。主要原因可能有两个方面，一方面可能是在进行短期国际资本流动的相关实证分析时，其他相关指标的季度数据难以获取；另一方面，可能是季度数据的频度介于年度和月度之间，使得研究者要么选择数据容易获取的年度指标，要么选择高频度的月度指标。由于季度数据的频度明显高于年度数据，而且在连接月度数据和年度数据之间具有明显的现实意义，因此测算短期国际资本流动季度数据同样具有必要性。对于中国短期国际资本流动测算涉及的季度数据，其基础指标数据的来源和可得性与年度数据相同，都可以基于中国的 BOP 表获得，因此，本书将在后续章节中采用直接法和间接对短期国际资本流动的季度规模进行测算，并将其与年度数据和月度数据进行比较检验。

3.2　直接法与间接法的逻辑关系

从上一节的测算方法评述中可以看出，直接法和间接法是测算短期国际资本流动的两种主要方法，测算的数据多基于国际收支平衡表（BOP表）。国际收支平衡表（BOP 表）是以一国对外国际收支为前提，以该国居民和非本国居民间的交易为基础进行的一个流量统计。BOP 表能有效反映一国对外经济总量的国际收支状况和跨境资金流动情况。一般来说，一国所有跨境资金的往来都被可以从 BOP 表中得到反映，因此，对于短期国际资本流动规模的测算一般以 BOP 表为基础。在正式进行短期国际资本流动规模的测算之前，需要明确三个问题。第一，短期国际资本和长期国际资本分别存在于 BOP 表中哪些项目（换个说法即短期国际资本流动的渠道有哪些)？第二，直接法和间接法之间是否存在逻辑关系？第三，直接法和间接法的具体计算公式如何确定？

3.2.1 短期国际资本流动的渠道

对于短期国际资本流动的渠道，已经有大量文献进行了研究（如刘仁伍等，2008；曲凤杰，2006；林松立，2010；李慧勇，2011 等），这里进行简单的梳理，以找出短期国际资本流动的主要渠道，为后面短期国际资本流动规模测算指标的选择提供一定的理论支持。

中国的 BOP 表分为四大项，即经常账户、资本和金融账户、储备资产、净误差与遗漏账户。一般认为中国短期国际资本的流动渠道主要包括三大类，一是通过国际收支平衡表中的经常项目进入中国境内，包括进出口伪报、侨汇、职工报酬、投资收益等；二是通过国际收支平衡表中的资本与金融项目进入中国境内，包括外商直接投资、短期贸易信贷、短期贷款、货币和存款、其他资产与其他负债等；三是通过地下钱庄等未被统计的非法流动渠道。

1. 经常项目下的短期国际资本流动渠道

对于经常项目，短期国际资本流动的可以通过进出口伪报、侨汇、职工报酬、投资收益等渠道进行。刘仁伍等（2008）对经常账户下的短期国际资本流动进行了详尽的分析，其中贸易项目（货物和服务）、收益和经常转移三个子项目都可能包含短期国际资本的流动。根据中国 BOP 表中经常账户下三个子项目记录数据的数量级可以发现，对于短期国际资本流动研究，贸易项目的重要性大于收益项，而收益项的重要性又大于经常转移项。另一方面，表 3 – 1 和表 3 – 2 中的文献比较分析也表明，在用直接法和间接法进行测算短期资本流动规模时，多数研究者都用到了经常账户下的贸易顺差。

进出口伪报主要采用转移定价的方式实现短期国际资本在中国境内外"合法"流动，国内企业，尤其是外资的跨国公司通过进口高报、出口低报的形式，将短期国际资本通过看似合法的进出口贸易的形式向国外转移；通过进口低报、出口高报的形式，将短期国际资本通过看似合法的进出口贸易的形式向国内转移。这样，短期国际资本通过进出口伪报的形式实现短期资本在境内外的自由流动。显然，进出口伪报只是短期国际资本通过贸易项目流动的途径之一。由于税收成本和监管的存在，进出口伪报并非短期国际资本通过贸易项目进行流动的主要渠道（刘仁伍等，2008），因此本书在选择测算指标时将不选用"进出口伪报额"。

侨汇是经常转移项目下的一个子项目，也是短期国际资本通过经常转移实现跨境流动的主要渠道，海外侨民和境内个人可以通过个人汇款的形式实现短期国际资本的跨境流动，但由于个人汇款限额的存在，通过侨汇的形式实现短期资本跨境流动的资金量相对比较小。

职工报酬是收益项目下的一个子项目，是指我国个人在国外工作（一年以下）而得到并汇回的收入以及我国支付外籍员工的工资福利。理论上，职工报酬差额应该是平稳的，而中国国际收支平衡表中的统计数据波动比较大，这表明短期国际资本很可能通过职工报酬差额在境内外的自由流动。

投资收益是指居民与非居民之间金融资产和负债的收入与支出，包括直接投资、证券投资和其他投资。投资收益可以通过低估投资资产的价值、跨国公司内部定价转移、隐瞒或滞留投资收益用于再投资等形式实现短期国际资本的跨境流动。

2. 资本与金融项目下的短期国际资本流动渠道

一般来说，短期国际资本通过资本与金融项目实现其在中国境内外自由流动的渠道主要包括外商直接投资、短期贸易信贷、短期贷款、货币和存款、其他资产与其他负债等。刘仁伍等（2008）认为资本与金融账户中的短期国际资本流动有五种途径，其中最为主要的是外商直接投资（FDI）、短期外债以及 QFII；而曲凤杰（2006）则认为外商直接投资企业的资本结汇、短期贸易信贷、短期贷款、货币和存款以及其他资产等项目都是短期国际资本流动的形式；李慧勇（2011）则认为 FDI、外商投资企业和外资金融机构的对外短期负债是短期资本在资本与金融账户下的主要流动渠道。

外商直接投资是外国机构为了获得长远收益对本国经济体进行的投资，反映长期国际资本流动，然而由于我国对外商直接投资的管制比较松，境外资金可以通过虚假投资、虚假合同的形式实现短期国际资本跨境流动，利用资本金结汇获取汇率变化收益。虚假投资主要有两种方式：一是虚假外资，即境外资金通过外商直接投资的渠道进入境内，却并不开展经营活动，而是等待人民币升值后，赚取汇率收益，撤出境内；二是假借股权投资的形式进行债务投资，即境外机构投资境内企业，持有对应企业的部分股份，并约定境内企业在规定的时间内以一定的价格赎回股份，从而实现短期国际资本的跨境流动。虚假合同是指不法企业通过订立虚假合同骗取资本金结汇，然后再通过终止合同让资本金回到账上，最后挪为他用进入资本市场。

贸易信贷是指贸易商、金融机构、政府机构之间为了更加便利的进行商贸活动而开展的信贷活动。国际收支平衡表中贸易信贷包括资产方和负债方两项，其中资产方是指本国居民向非居民提供的商业信用，而负债方是非居民向本国居民提供的商业信用。短期贸易信贷是指期限为一年以下的贸易信贷，主要包括银行信用和商业信用。短期国际资本可以通过短期贸易信贷实现资金的跨境流动，其中赊销和预付款是国内商业信用的主要表现形式。贸易和服务进出口的交易主体可以通过短期贸易信贷延期付款或提前付款，达到短期国际资本跨境流动的目标。例如，进口商的提前付款或者出口商的提前收款可以实现短期国际资本流入，而进口商的延期付款或者出口商的延期收款可以实现短期国际资本外逃。

短期贷款包括资产方和负债方两项，资产方表示本国居民对非居民的短期借款，资产增加表示短期国际资本外流；负债方表示非居民对本国居民的短期借款，负债增加表示短期国际资本流入。在我国现行的外债管理制度中，内资企业举债需要进行审批，而外资企业对外举债不要进行审批，短期贷款可以反映短期国际资本通过外资企业对外短期负债的形式实现短期国际资本的跨境流动。

货币和存款反映境外资金和非居民借款的变动情况，包括资产方和负债方两项，其中资产方反映境外资金和库存外汇资金的变动情况，资产方增加表示短期国际资本流出，负债方反映对外借款、银行短期资金和海外私人存款的变动情况，负债方增加表示短期国际资本流入。

其他资产或负债是指除以上证券投资、直接投资、贷款、贸易信贷、货币和存款以外的反映居民与非居民之间债权债务关系的其他各类金融资产和负债，主要包括其他各类应收应付款、在非货币性国际组织认缴的份额等。其他资产的增加，表示短期国际资本流出，其他负债的增加，则表示短期国际资本的流入。

根据中国 BOP 表中资本和金融账户下各个子项目记录数据的数量级可以发现，对于短期国际资本流动的研究，金融账户下其他投资的重要性大于直接投资，而直接投资的重要大于证券投资；资本账户的数值过小，因此在分析短期国际资本流动时可以不考虑该项。另外，从表 3 - 1 和表 3 - 2 中的文献比较分析可以发现，测算短期国际资本流动规模时，多数研究者都用到金融账户下的短期投资、直接投资、外债增量三个指标。

3. 其他未被统计的非法流动渠道

通常短期国际资本最为常见的非法流动渠道是地下钱庄。地下钱庄是指游离于金融监管之外，为了获取资金收益利用或部分利用金融机构的经营网络和经营业务进行非法汇兑、资金转移和存储等活动的非法金融组织。地下钱庄除了通过利用经常项目下的进出口伪报、订立虚假合同、个人汇款，以及资本项目下的外商直接投资等形式实现短期国际资本的跨境流动外，还通过走私集团分批运输过境和外币跨境独立循环等未被统计的非法渠道实现短期国际资本的跨境流动。

走私集团分批运输过境主要有两种方式：一是利用地下钱庄庞大的走私网络，直接利用交通工具将大规模的现金分批运出或运入国境，例如"深圳杜氏地下钱庄案""厦门远华走私案"。二是利用地下钱庄庞大的金融渠道，将非法资金进行"漂白"，即所谓的"洗黑钱"活动，例如"汕头许氏走私集团案"。

外币跨境独立循环方式主要是利用地下钱庄的境内外机构的连接，利用地下钱庄庞大的运作资金和经营网络，国外机构将要流入境内的资金以外币的形式汇入地下钱庄的境外机构及其代理人，然后地下钱庄的境内机构根据收到的资金和约定的汇率将相应金额的资金以人民币的形式汇入国外机构的境内代理账号。这样，国外机构就能成功将其境外资金通过地下钱庄的经营网络流入到国内。

一般来说，由于非法渠道的短期国际资本流动缺少有效的正式的监测指标，因此在进行测算处理时，假定这类短期国际资本流动反映在 BOP 表中的净误差与遗漏项中。当然，净误差与遗漏项的变化并不完全是由于非法渠道的短期国际资本流动引起的，它还有可能是由于编制数据的错误、测量和舍入误差、未被记录的进口等多种其他因素引起的。

3.2.2　直接法与间接法的内在关系

对于直接法与间接法的关系，现有的文献（如杨海珍等，2000；张明，2011 等）一般认为直接法的测算结果偏低，而间接法测算的结果偏高，很少有文献对两种方法的关系进行论证分析。从表 3-1 和表 3-2 的文献比较中可以看出，直接法和间接法的测算都是以 BOP 表为基础的，并且直接法是以净误差与遗漏项为基础进行加法运算，而间接法是以外汇储备项为基础进行减法运算。

如果间接法与直接法的测算都是以 BOP 表为基础，那么两种方法的测算结果从理论上讲应该存在一定的逻辑关系。假定 SCF1 代表直接法测算的短期国际资本流动，而 SCF2 代表间接法测算的短期国际资本流动，则二者在理论上存在以下关系：

$$SCF1 \approx SCF2 \tag{3-1}$$

下面对式（3-1）给出一个简单的证明。假定中国 BOP 表中的四个项目经常账户、资本和金融账户、储备资产、净误差与遗漏账户分别用字母 C、D、B、A 表示，根据 BOP 表的记账原则有：

$$C + D + A + B = 0 \tag{3-2}$$

再假定经常账户（C）中的短期资本为 CS，长期资本为 CL，则：

$$C = CS + CL \tag{3-3}$$

资本和金融账户（D）中的短期资本为 DS，长期资本为 DL，则：

$$D = DS + DL \tag{3-4}$$

净误差与遗漏（A）中的短期资本为 AS，剩余部分为统计误差记为 AE，则：

$$A = AS + AE \tag{3-5}$$

将式（3-3）、式（3-4）、式（3-5）代入式（3-2）可得：

$$CS + CL + DS + DL + B + AS + AE = 0 \tag{3-6}$$

将式（3-6）进行等式变换可得：

$$CS + DS + AS + AE = -B - CL - DL \qquad (3-7)$$

根据直接法的测算思想有：

$$SCF1 = AS + CS + DS \qquad (3-8)$$

这里可以将 AS 看成是 A 的调整项。根据间接法的测算思想有：

$$SCF2 = -B - CL - DL \qquad (3-9)$$

根据式（3-7）、式（3-8）、式（3-9）可得：

$$SCF1 + AE = SCF2 \qquad (3-10)$$

由于 AE 为净误差与遗漏项中的统计误差项，因此 AE 的均值为零，即：

$$E(AE) = 0 \qquad (3-11)$$

根据式（3-10）、式（3-11）可得：

$$SCF1 \approx SCF2$$

需要说明的是，由于 BOP 表反映的是流量统计，因此，上述证明过程仅限于两种测算方法所用指标都是流量指标的情况。如果间接法或直接法所用到的指标涉及存量指标，则不能采用上述证明过程。

另外，从统计参数估计的角度讲，如果将短期国际资本流动规模视为一个总体参数，则直接法和间接法测算的结果都是对该参数的一个估计值。从理论上讲，同一参数的估计值应该相差不大。因此，从参数估计的角度讲，直接法和间接法测算的短期国际资本流动规模的差别应该不会太大，否则，只能说明所选用的测算公式有问题。

3.3 直接法与间接法的改进

根据前面的分析可知，对于直接法和间接法计算公式的改进与设计，最为重要的是要区分 BOP 表中经常项、资本和金融项中的短期资本与长期资本，以及净误差与遗漏项中的短期资本。根据中国的 BOP 表，将其中的各项整理并进行分级如表 3-3 所示。在借鉴 3.1 节中各个文献的基础上，这里将 BOP 表中的项目进行了短期资本流动项与长期资本流动项的划分，具体如表 3-4 所示。

表3－3

中国 BOP 表中各个项目分级表

一级目录	二级目录	三级目录	四级目录	五级目录	六级目录
一、经常账户差额	A. 货物和服务差额	a. 货物差额			
		b. 服务差额	1. 运输差额		
			2. 旅游差额		
			3. 通讯服务差额		
			4. 建筑服务差额		
			5. 保险服务差额		
			6. 金融服务差额		
			7. 计算机和信息服务差额		
			8. 专有权利使用费和特许费差额		
			9. 咨询差额		
			10. 广告、宣传差额		
			11. 电影、音像差额		
			12. 其他商业服务差额		
			13. 别处未提及的政府服务差额		
	B. 收益差额	1. 职工报酬差额			
		2. 投资收益差额			
	C. 经常转移差额	1. 各级政府差额			
		2. 其他部门差额			

续表

一级目录	二级目录	三级目录	四级目录	五级目录	六级目录
二、资本和金融账户差额	A. 资本账户差额				
	B. 金融账户差额	1. 直接投资差额	1.1 我国在外直接投资差额		
			1.2 外国在华直接投资差额		
		2. 证券投资差额	2.1 资产差额	2.1.1 股本证券差额	
				2.1.2 债务证券差额	2.1.2.1（中）长期债券差额
					2.1.2.2 货币市场工具差额
			2.2 负债差额	2.2.1 股本证券差额	
				2.2.2 债务证券差额	2.2.2.1（中）长期债券差额
					2.2.2.2 货币市场工具差额
		3. 其他投资差额	3.1 资产差额	3.1.1 贸易信贷差额	长期差额
					短期差额
				3.1.2 贷款差额	长期差额
					短期差额
				3.1.3 货币和存款差额	
				3.1.4 其他资产差额	长期差额
					短期差额

续表

一级目录	二级目录	三级目录	四级目录	五级目录	六级目录
二、资本和金融账户差额	B. 金融账户差额	3. 其他投资差额	3.2 负债差额	3.2.1 贸易信贷差额	长期差额
					短期差额
				3.2.2 贷款差额	长期差额
					短期差额
				3.2.3 货币和存款差额	
				3.2.4 其他负债差额	长期差额
					短期差额
	3.1 货币黄金差额				
	3.2 特别提款权差额				
三、储备资产变动额	3.3 在基金组织的储备头寸差额				
	3.4 外汇储备差额				
	3.5 其他债权差额				
四、净误差与遗漏					

资料来源：本表由作者整理所得。

表 3 - 4 　　　　BOP 表中国际资本流动长期项目与短期项目的划分

长期项目	短期项目
职工报酬差额（L1）	
各级政府经常转移差额（L2）	投资收益差额（S1）
资本账户差额（L3）	其他部门经常转移差额（S2）
我国在外直接投资差额（L4）	货币市场工具差额（资产）（S3）
股本证券差额（资产）（L5）	股本证券差额（负债）（S4）
（中）长期债券差额（资产）（L6）	货币市场工具差额（负债）（S5）
（中）长期债券差额（负债）（L7）	贸易信贷短期差额（资产）（S6）
贸易信贷长期差额（资产）（L8）	贷款短期差额（资产）（S7）
贷款长期差额（资产）（L9）	其他资产短期差额（资产）（S8）
货币和存款差额（资产）（L10）	贸易信贷短期差额（负债）（S9）
其他资产长期差额（资产）（L11）	贷款短期差额（负债）（S10）
贸易信贷长期差额（负债）（L12）	货币和存款差额（负债）（S11）
贷款长期差额（负债）（L13）	其他资产短期差额（负债）（S12）
其他资产长期差额（负债）（L14）	

需要进行调整的项目

外国在华直接投资差额 = 外国在华直接投资实际值（L15）+ 外国在华直接投资中的短期资本（S13）
货物和服务差额 = 货物和服务贸易实际顺差（L16）+ 货物和服务贸易中的短期资本（S14）
净误差与遗漏 = 包含的短期国际资本流动额（S15）+ 统计误差
储备资产变动额 = 外汇占款增量（S）+ 其他

资料来源：本表由作者整理编制。

根据表 3 - 4 中的划分，直接法的计算公式可以表述为：

$$SCF1 = \sum_{i=1}^{15} S_i \qquad (3-12)$$

其中，S_1，…，S_{15} 所表示的含义如表 3 - 4 所示。

类似的间接法的计算公式可以表示为：

$$SCF2 = S - \sum_{i=1}^{16} L_i \qquad (3-13)$$

其中，S 以及 L_1，…，L_{16} 的含义如表 3 - 4 所示。

对于表 3 - 4 中的四个调整项，这里说明如下：第一，对于外国在华直接投资差额的调整，借鉴刘仁伍等（2008）和李慧勇（2011）的做法。考虑外国在华直接投资中约有 20% 为专利技术与机器（李慧勇，2011），而外国在华直接投资中约有 30% 为短期性资本（刘仁伍等，2008），因此，我们将外国在华直接投资中的短期资本占其总额的比例估计为20%。

第二，对于货物和服务差额的调整，借鉴李慧勇（2011）的做法。假定贸易账户中投机性资本流入 =（外国投资企业进出口净额/外国投资企业进出口总额 - 3%）×外国投资企业进出口总额，其中3%是根据外国投资企业在1997～2004年进出口净额和进出口总额的比值所给出的一个参考值。李慧勇（2011）根据2004年的比值2.1%与2005年的比值6.8%，计算二者的均值（4.47%）作为参考值，由于2.1%与6.8%相差约3倍多，显然这种处理方法欠妥。

第三，对于净误差与遗漏项的调整，我们借鉴了任惠（2001）的做法。对于净误差与遗漏项中多少是正常的统计误差，国际上并没有统一的标准。一般来说，净误差与遗漏项占贸易总量的比例应不高于5%。考虑到我国BOP表数据来源于多个统计部门，可能存在较高的统计误差，我们取净误差与遗漏项占贸易总量的比例10%来进行调整。

第四，对于储备资产变动额的调整，我们借鉴刘莉亚（2008）、林松立（2010）、严启发（2010）、张明（2011）、李慧勇（2011）的做法，用外汇占款增量来代替储备资产变动额（后者可近似认为与外汇储备变化量相等）。一般来说，外汇储备变化量应该等于外汇占款变化量、上一期外汇储备的投资收益和汇率变化导致的资产损益三者之和，用外汇占款增量来代外汇储备变化量，可以将上一期外汇储备的投资收益和汇率变化导致的资产损益排除在短期国际资本流动之外。

第 4 章
中国短期国际资本流动的
测算及其检验

根据第 3 章中对短期国际资本流动测算方法的设计与论证,本章将主要采用改进后的直接法和间接法,对中国短期国际资本流动的年度规模、季度规模以及月度规模进行测算,并在此基础上,对测算结果进行检验。本章共分为两节,第 1 节对中国短期国际资本流动规模进行测算,其中包括年度规模、季度规模和月度规模的测算。第 2 节对测算结果进行检验,检验主要从三个方面进行:一是检验不同频度测算结果的内在一致性;二是检验两种不同测算方法测算结果的一致性;三是检验测算结果的可解释性。

4.1 中国短期国际资本流动的测算

4.1.1 中国短期国际资本流动年度规模的测算

关于短期国际资本流动年度规模的测算,根据第 3 章中的内容,采用直接法测算年度规模的计算公式表述如下:

$$SCF1 = \sum_{i=1}^{15} S_i \qquad (4-1)$$

其中,S_1,$\cdots$,S_{15} 所表示的含义如表 3-4 所示,SCF1 代表直接法测算的中国短期国际资本流动的年度规模。

采用间接法测算年度规模的计算公式表述如下：

$$SCF2 = S - \sum_{i=1}^{16} L_i \qquad (4-2)$$

其中，S 以及 L_1，…，L_{16} 的含义如表 3 - 4 所示，SCF2 代表间接法测算的中国短期国际资本流动的年度规模。

上述计算公式中所涉及的数据来源说明如下：国际收支平衡表中的各项指标数据来源于国家外汇管理局公布的年度国际收支平衡表；外国在华直接投资中的短期资本借鉴刘仁伍（2008）、李慧勇（2011）、石和练（2014）的做法，估计为占其总额的 20%；对于货物和服务差额、净误差与遗漏、储备资本变动额的调整同样采用石和练（2014）的做法；外国投资企业进出口额的数据来源于国家统计局网站；外汇占款增量的数据来源于国家外汇管理局。

根据我们所设计的直接法和间接法的测算公式，测算中国 1995 ~ 2013 年短期国际资本流动的年度规模。我们将测算结果与石和练（2014）的测算结果进行对比和验证后发现，对于假定贸易账户中投机性资本流入 =（外国投资企业进出口净额/外国投资企业进出口总额 - 3%）× 外国投资企业进出口总额这一项的处理，该文作者将 3% 误作为加项处理了，所以导致测算结果有所偏误，这里对其予以修正，最终测算结果如表 4 - 1 所示。

表 4 - 1 　　　　　中国短期国际资本流动年度规模的测算结果 　　单位：亿美元

Time	SCF1	SCF2	Time	SCF1	SCF2	Time	SCF1	SCF2	Time	SCF1	SCF2
1995	-332	-285	2000	-258	-446	2005	1143	1069	2010	2611	2846
1996	-370	-440	2001	77	29	2006	1716	2701	2011	2283	2847
1997	-382	-294	2002	114	14	2007	1424	1470	2012	-469	-732
1998	-595	-644	2003	741	1069	2008	1562	4377	2013	-1688	-1601
1999	-451	-426	2004	412	634	2009	2481	2554			

图 4 - 1 为直接法和间接法测算的中国短期国际资本流动年度规模的时间序列图。从图中可以看出，我国在 2001 年之前的短期国际资本流动主要

表现为净流出，其中 1998 年两种方法测算的短期国际资本净流出规模最大，约为 600 亿美元。2002～2011 年，我国的短期国际资本流动主要表现为净流入，并且从 2005 年之后净流入规模迅速增加，2010 年净流入规模达到约 2600 亿美元。需要引起注意的是，两种方法测算的 2012 年和 2013 年的结果显示，我国的短期国际资本出现了净流出现象，净流出规模分别约为 500 亿美元和 1600 亿美元。关于年度数据的测算结果更多更详细的解释参见后面相关章节的内容。

图 4 – 1　SCF1 和 SCF2 时间序列图

4.1.2　中国短期国际资本流动季度规模的测算

　　类似的，关于短期国际资本流动季度规模的测算，采用与年度规模测算相同的计算公式，对应的调整项也做相同的处理。其中国际收支平衡表中的各项指标数据来源于国家外汇管理局公布的季度国际收支平衡表，外国投资企业进出口额的数据来源于国家统计局网站，外汇占款增量的数据来源于国家外汇管理局。用 QSCF1 表示直接法测算的中国短期国际资本流动的季度规模，用 QSCF2 表示间接法测算的中国短期国际资本流动的季度规模。测算中国 1998Q1 至 2014Q3 的短期国际资本流动的季度规模结果如表 4 – 2 所示。

表4-2　　　　　　　　中国短期国际资本流动季度规模的测算结果　　　单位：亿美元

Time	QSCF1	QSCF2	Time	QSCF1	QSCF2	Time	QSCF1	QSCF2	Time	QSCF1	QSCF2
1998Q1	-110.0	-228.0	2002Q2	-3.0	-20.0	2006Q3	439	609	2010Q4	1138	1118
1998Q2	-338.0	-272.0	2002Q3	-40.0	-33.0	2006Q4	388	834	2011Q1	911	1285
1998Q3	-155.0	-149.0	2002Q4	147.0	85.0	2007Q1	851	593	2011Q2	961	1027
1998Q4	25.0	20.0	2003Q1	305.0	184.0	2007Q2	553	137	2011Q3	219	600
1999Q1	-74.0	-71.0	2003Q2	2.0	45.0	2007Q3	133	618	2011Q4	223	-147
1999Q2	-120.0	-120.0	2003Q3	151	224	2007Q4	64	-473	2012Q1	592	301
1999Q3	-108.0	-113.0	2003Q4	368	725	2008Q1	1009	1278	2012Q2	-237	-124
1999Q4	-123.0	-93.0	2004Q1	-42	-72	2008Q2	159	638	2012Q3	-794	-635
2000Q1	-2.0	10.0	2004Q2	50	35	2008Q3	92	354	2012Q4	-182	-423
2000Q2	-64.0	-62.0	2004Q3	158	128	2008Q4	529	546	2013Q1	770.0	1180.0
2000Q3	-133.0	-122.0	2004Q4	405	738	2009Q1	298	238	2013Q2	-78.0	-60.0
2000Q4	-11.0	-213.0	2005Q1	291	209	2009Q2	634	348	2013Q3	-2768	-3553
2001Q1	118.0	109.0	2005Q2	365	341	2009Q3	637	637	2013Q4	377	844
2001Q2	0.0	-20.0	2005Q3	63	-74	2009Q4	943	943	2014Q1	1269	1272
2001Q3	33.0	20.0	2005Q4	495	525	2010Q1	808	808	2014Q2	141	-11
2001Q4	-51.0	-56.0	2006Q1	428	419	2010Q2	327	242	2014Q3	-742	-791
2002Q1	33.0	7.0	2006Q2	569	633	2010Q3	703	710			

　　图4-2为直接法和间接法测算的中国短期国际资本流动的季度规模的时间序列图。从图4-2中可以看出，短期国际资本流动季度规模的总体趋势与年度规模基本一致，但季度规模的数据所显示的波动性显然要高于年度规模。2001年1季度前我国短期国际资本主要表现为净流出，其中两种方法测算的1998年2季度流出规模最大，约为280亿美元；2001年1季度到2005年3季度总体表现为净流入，2005年4季度到2012年1季度总体表现为加速流入。两种方法测算的短期国际资本2012年3季度大规模流出，净流出规模约为650亿美元；两种方法测算的短期国际资本2013年1季度表现出大规模流入，净流入规模约为800亿美元；而2013年3季度则又表现出短期国际资本大规模流出中国，净流出规模约为3000亿美元。关于季度数据的测算结果更多的解释参见后面相关章节的内容。

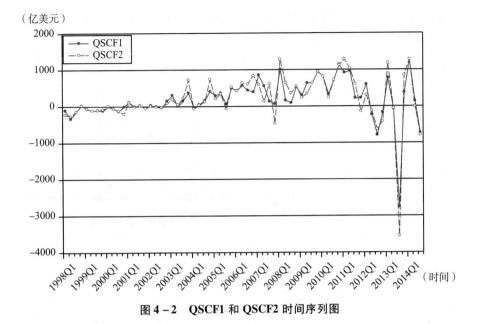

图4-2　QSCF1和QSCF2时间序列图

4.1.3　中国短期国际资本流动月度规模的测算

对于短期国际资本流动月度规模的测算，在李梅等（2012）以及石和练（2014）的基础上，定义月度规模的测算公式如下：

$$\frac{\text{短期国际资本流动}}{\text{月度规模（MSCF）}} = \frac{\text{外汇占款}}{\text{增量月度值}} - \frac{\text{实际利用}}{\text{FDI月度值}} \times 0.7 - \frac{\text{实际贸易}}{\text{顺差月度值}}$$

$$(4-3)$$

其中，实际贸易顺差月度值＝净出口月度值－贸易账户中短期资本月度值；与石和练（2014）的处理类似，这里假设贸易账户中短期资本月度值＝（外国投资企业进出口净额月度值/外国投资企业进出口总额月度值－3%）×外国投资企业进出口总额月度值。由于月度数据的指标难以获得，所以测算短期国际资本流动的月度规模时，只是从外汇占款增量中扣除含有长期资本的实际利用FDI和实际贸易顺差这两项。因此，使用此方法测算出的月度短期资本流动规模一般会被高估。我们用上述计算公式测算了中国1999年1月~2014年11月短期国际资本流动的月度规模，测算结果如表4-3所示。

表 4 - 3　　　　　　中国短期国际资本流动月度规模的测算结果　　　单位：亿美元

Time	MSCF	Time	MSCF	Time	MSCF	Time	MSCF	Time	MSCF
1999 - 01	- 24. 74	2001 - 03	- 21. 04	2003 - 05	18. 39	2005 - 07	55. 60	2007 - 09	531. 06
1999 - 02	- 26. 18	2001 - 04	- 30. 18	2003 - 06	- 6. 45	2005 - 08	65. 23	2007 - 10	- 15. 82
1999 - 03	- 28. 33	2001 - 05	- 34. 53	2003 - 07	65. 08	2005 - 09	16. 87	2007 - 11	278. 90
1999 - 04	- 34. 86	2001 - 06	- 39. 80	2003 - 08	79. 34	2005 - 10	24. 17	2007 - 12	- 529. 09
1999 - 05	- 44. 98	2001 - 07	- 9. 24	2003 - 09	112. 74	2005 - 11	39. 66	2008 - 01	699. 18
1999 - 06	- 44. 75	2001 - 08	4. 57	2003 - 10	89. 60	2005 - 12	221. 93	2008 - 02	418. 72
1999 - 07	- 39. 74	2001 - 09	2. 20	2003 - 11	79. 37	2006 - 01	249. 19	2008 - 03	459. 02
1999 - 08	- 49. 69	2001 - 10	2. 21	2003 - 12	147. 06	2006 - 02	124. 16	2008 - 04	594. 47
1999 - 09	- 57. 72	2001 - 11	- 16. 31	2004 - 01	74. 71	2006 - 03	46. 65	2008 - 05	353. 28
1999 - 10	- 48. 46	2001 - 12	- 5. 09	2004 - 02	130. 82	2006 - 04	36. 78	2008 - 06	116. 98
1999 - 11	- 54. 70	2002 - 01	- 31. 42	2004 - 03	67. 97	2006 - 05	29. 19	2008 - 07	268. 62
1999 - 12	- 18. 58	2002 - 02	17. 90	2004 - 04	69. 45	2006 - 06	366. 80	2008 - 08	59. 49
2000 - 01	- 8. 65	2002 - 03	11. 50	2004 - 05	- 18. 12	2006 - 07	116. 23	2008 - 09	341. 04
2000 - 02	- 33. 46	2002 - 04	12. 81	2004 - 06	49. 95	2006 - 08	- 6. 56	2008 - 10	3. 83
2000 - 03	- 45. 08	2002 - 05	1. 02	2004 - 07	24. 07	2006 - 09	296. 51	2008 - 11	- 95. 61
2000 - 04	- 51. 01	2002 - 06	- 49. 08	2004 - 08	27. 48	2006 - 10	- 0. 62	2008 - 12	177. 83
2000 - 05	- 39. 97	2002 - 07	- 11. 01	2004 - 09	62. 76	2006 - 11	257. 55	2009 - 01	- 79. 94
2000 - 06	- 49. 73	2002 - 08	- 13. 65	2004 - 10	95. 54	2006 - 12	360. 77	2009 - 02	174. 63
2000 - 07	- 52. 88	2002 - 09	9. 10	2004 - 11	569. 06	2007 - 01	258. 08	2009 - 03	29. 90
2000 - 08	- 44. 25	2002 - 10	- 5. 41	2004 - 12	179. 02	2007 - 02	227. 53	2009 - 04	102. 56
2000 - 09	- 44. 78	2002 - 11	18. 96	2005 - 01	98. 41	2007 - 03	267. 30	2009 - 05	236. 60
2000 - 10	- 34. 82	2002 - 12	12. 65	2005 - 02	71. 34	2007 - 04	156. 93	2009 - 06	76. 45
2000 - 11	- 33. 78	2003 - 01	104. 05	2005 - 03	107. 87	2007 - 05	114. 95	2009 - 07	230. 21
2000 - 12	- 198. 35	2003 - 02	- 2. 86	2005 - 04	177. 03	2007 - 06	34. 79	2009 - 08	37. 95
2001 - 01	4. 91	2003 - 03	11. 89	2005 - 05	156. 72	2007 - 07	284. 52	2009 - 09	463. 50
2001 - 02	10. 15	2003 - 04	20. 36	2005 - 06	110. 27	2007 - 08	79. 23	2009 - 10	176. 03

续表

Time	MSCF	Time	MSCF	Time	MSCF	Time	MSCF	Time	MSCF
2009 – 11	223.29	2010 – 12	449.07	2012 – 01	28.42	2013 – 02	362.28	2014 – 03	164.99
2009 – 12	236.58	2011 – 01	640.96	2012 – 02	246.91	2013 – 03	385.99	2014 – 04	– 8.24
2010 – 01	288.60	2011 – 02	362.99	2012 – 03	132.84	2013 – 04	309.14	2014 – 05	– 254.82
2010 – 02	174.57	2011 – 03	569.73	2012 – 04	– 233.39	2013 – 05	– 95.04	2014 – 06	– 503.66
2010 – 03	390.56	2011 – 04	356.90	2012 – 05	– 155.38	2013 – 06	– 334.21	2014 – 07	– 361.92
2010 – 04	360.69	2011 – 05	431.17	2012 – 06	– 208.96	2013 – 07	– 231.94	2014 – 08	– 503.98
2010 – 05	1.80	2011 – 06	197.21	2012 – 07	– 255.17	2013 – 08	– 208.92	2014 – 09	– 338.57
2010 – 06	– 48.52	2011 – 07	78.56	2012 – 08	– 303.62	2013 – 09	43.62	2014 – 10	– 283.19
2010 – 07	68.31	2011 – 08	399.62	2012 – 09	– 70.52	2013 – 10	480.07	2014 – 11	– 406.65
2010 – 08	174.80	2011 – 09	241.62	2012 – 10	– 240.70	2013 – 11	404.76		
2010 – 09	277.43	2011 – 10	– 169.11	2012 – 11	– 270.11	2013 – 12	– 1548.6		
2010 – 10	589.14	2011 – 11	– 176.39	2012 – 12	– 50.11	2014 – 01	427.2		
2010 – 11	293.20	2011 – 12	– 313.17	2013 – 01	845.34	2014 – 02	397.98		

　　中国短期国际资本流动月度规模时间序列图如图4–3所示。其流动的总体趋势跟年度规模和季度规模基本一致，但月度数据测算的结果的波动性显然要大于季度数据的测算结果。月度规模的测算结果显示，中国短期国际资本从1999年1月到2002年11月总体表现为小规模净流出；从2002年12月到2005年11月为小规模净流入，除了2004年11月表现为大规模流入外（其流入规模约为569亿美元）；2005年12月到2011年9月总体表现为加速流入，且流动的波动性加强，只有2007年12月出现大规模短期资本外逃，其流出规模约为529亿美元；2011年10月~2012年12月，除了2012年2月和3月有小规模短期资本流入外，其他月份都出现短期资本外逃；2013年1月到2013年10月，短期国际资本流动波动性较大，其中1月净流入845亿美元；2014年4月~11月，短期资本持续流出中国，累计净流出约为2600亿美元。关于月度规模测算结果更多的分析参见后面相关章节的内容。

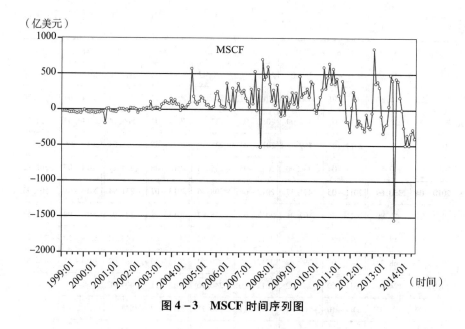

图 4 - 3　MSCF 时间序列图

4.2　短期国际资本流动测算结果的检验

对于短期国际资本流动的测算结果的检验，石和练（2014）提出了两种检验方法，一种是"现实事件"检验法，另一种是"测算结果的一致性"检验法。简单来说，"现实事件"检验法的基本思想是将测算结果与现实情况进行对照，看是否具有可解释性。"测算结果的一致性"检验法的基本思想是对于同一个总体参数的不同估计值来说，如果这些估计结果都是有效的，则这些估计结果应该具有方向的一致性和数值大小的相近性，即不同测算方法的测算结果应该具有一致性。除此之外，由于我们这里测算了中国短期国际资本流动的年度规模、季度规模、月度规模，因此不同频度的结果之间应该也具有内在的一致性。所以，这里对测算结果的检验从三个方面进行：一是通过加总的方法来检验不同频度结果的一致性；二是检验直接法和间接法测算结果的内在一致性；三是通过趋势分解等方法来检验测算结果的可解释性。

4.2.1 不同频度测算结果的一致性检验

这里主要检验月度数据和季度数据以及季度数据与年度数据的一致性。检验的基本思想如下：虽然测算数据的频度不一样，但三种类型的数据都反映了 1999～2013 年中国短期国际资本流动的变化规律，因此不同频度的测算结果应该具有内在的一致性。不同频度测算结果的一致性检验的具体检验内容可以包括以下两点：第一，不同频度的数据所反映的短期国际资本流动变化趋势是否基本相同；第二，高频数据加总的结果是否与低频数据的测算结果整体保持一致。

对于不同测算结果的所反映的短期国际资本流动的变化趋势是否一致的检验采用时间序列图观察比较即可；而对于高频数据加总的结果是否与低频数据的测算结果保持一致，我们引入"平均相对偏差值"这个指标加以评价。具体来说，假设"平均相对偏差值"用 ARDV 来表示，直接法和间接法测算的季度规模的加总①结果分别用 TQSCF1 和 TQSCF2 来表示，月度规模的测算结果加总为季度序列的结果用 TMSCF 来表示，以 TQSCF1 与 SCF1 的 ARDV 计算为例，其计算公式可以表述如式（4-4）所示，TQSCF2 以及 TMSCF 的平均相对偏差值的计算公式也可以类似的进行表述。

$$ARDV = \frac{\sum_{t=1}^{T} \left[\left| SCF1_t - TQSCF1_t \right| / \max\left(\left| SCF1_t \right|, \left| TQSCF1_t \right| \right) \right]}{T}$$

$$(4-4)$$

对测算的年度数据与季度数据的结果进行相互检验。图 4-4 与图 4-5 分别展示了直接法和间接法季度数据加总为年度数据后与直接测算的年度数据的时间序列图，从图中可以看出，中国短期国际资本流动的季度规模加总为年度规模后与直接测算的年度规模总体趋势基本一致。1998～2000 年之前都表现为短期国际资本净流出，2001～2004 年都表现为短期国际资

---

① 这里的加总是指将一年中的四个季度的结果加总，从而利用季度时间序列构造出一个年度时间序列。

（亿美元）

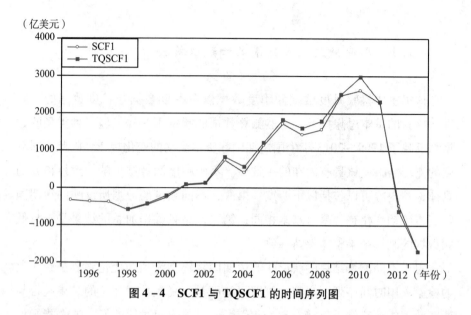

图 4 – 4　SCF1 与 TQSCF1 的时间序列图

（亿美元）

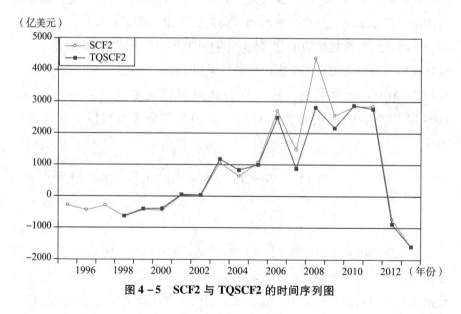

图 4 – 5　SCF2 与 TQSCF2 的时间序列图

本净流入，2005～2011 年都表现为短期国际资本加速流入，2012 年都表现为短期国际资本外逃。此外，从 1998 年开始，短期国际资本流出的规模逐渐减少，并从 2001 年开始，短期国际资本出现流入现象，此后流入的规模逐渐增大，到 2012 年短期国际资本又出现大规模流出。根据平均相对偏差值（ARDV）的计算，直接法测算的季度规模加总后的序列 TQSCF1 与 SCF1 的 ARDV 值为 11.3%，间接法测算的季度规模加总后的序列 TQSCF2 与 SCF2 的 ARDV 值为 18.2%，两个 ARDV 值都处于相对较小的水平，所以从季度数据和年度数据的测算结果的一致性来看，两种不同频度的测算结果整体上基本保持了一致。

再对测算的月度数据与季度数据的结果进行相互检验。图 4-6 为中国短期国际资本流动测算的月度规模加总为季度规模的时间序列图与直接测算的季度规模①的时间序列图。从图中可以看出，TMSCF 与 QSCF2 的总体趋势基本保持一致，其中 1999 年 1 季度到 2001 年 4 季度都表现为短期国际资本净流出，2001 年 1 季度到 2004 年 4 季度都表现为短期国际资本净流入，2005 年 1 季度到 2011 年 3 季度都表现为短期国际资本的加速流入，2011 年 4 季度到 2013 年 2 季度，除了 2012 年 1 季度和 2013 年 1 季度外，都表现为短期国际资本外逃。此外，在 2003 年 1 季度前，季度的测算结果和月度的测算结果都反映出短期国际资本流动的规模较小，而 2003 年 1 季度之后短期国际资本流动的规模开始加大。根据平均相对偏差值（ARDV）的计算，TMSCF 与 QSCF2 的 ARDV 值为 45.5%。该值较大的原因主要来自两个方面：一是月度规模的测算基于有限的数据来源；二是由于测算的规模的时间频度相对较高，使得异常点增加。为此，我们剔除差异较大的 2003 年 4 季度、2004 年 1 季度、2008 年 4 季度、2011 年 4 季度和 2012 年 3 季度这 5 个季度，其余的 53 个季度二者的差异相对较小。差异较大的季度个数只占总季度个数的 8%。在 TMSCF 与 QSCF2 二者数值的方向上，除了 2000 年 1 季度、2001 年 1 季度、2001 年 3 季度、2002 年 1 季度、2004 年 1 季度、2005 年 3 季度 6 个季度外，其余 52 个季度的流动方向保持一致，流动方向不一致的季度数只占总季度数的 10%。所以，总体来看，测算的月度数据加总为季度数据后，与直接测算的季度数据结果整体上基本保持了一致性。

---

① 为了比较的方便，根据测算公式设计的基本原理，这里用间接法测算的季度规模 QSCF2 与 TMSCF 来进行比较。

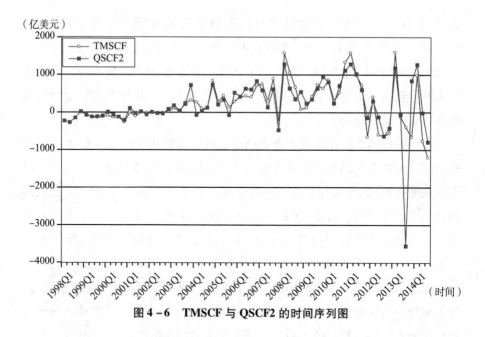

（亿美元）

图 4 - 6　TMSCF 与 QSCF2 的时间序列图

4.2.2　不同测算方法测算结果的一致性检验

理论上，采用直接法和间接法的测算结果反映的短期国际资本流动方向应该是一致的，流动规模也应大致相当，即两种测算方法测算的结果应该具有一致性。由于月度数据的可获得性限制，中国短期国际资本流动的月度规模仅仅用间接法进行了测算。所以这里主要检验季度数据以及年度数据不同测算方法所得结果的一致性，即检验 QSCF1 与 QSCF2 以及 SCF1 与 SCF2 两组数据的一致性。图 4 - 1 为 SCF1 与 SCF2 的时间序列图，从图 4 - 1 中可以看出，两种测算方法所得的结果在数值符号上保持一致，而数值的大小也基本上保持一致，除了 2006 年和 2008 年的结果之外。图 4 - 2 为 QSCF1 与 QSCF2 的时间序列图，从图 4 - 2 中可以看出，两种测算方法所得的季度数据结果在数值符号和数值大小上基本保持一致，相差较大的季度出现在 2000 年 Q4，2003 年 Q4，2006 年 Q4，2007 年 Q2、Q3、Q4，2008 年 Q2、Q3，2011 年 Q1、Q4，2013 年 Q1、Q3。

上述两种不同方法测算的季度规模和年度规模中存在较大差异的点的原因主要是，在采用间接法进行测算时，用外汇占款增量（用 S 来表示）来替代国际收支平衡表中的外汇储备增量（这里用 B 来表示）。我们将年度和季度的外汇占款增量和外汇储备增量的数值进行对比，结果如图 4－7、图 4－8 所示，从图中可以看出，两种方法测算的结果差异较大的年度和季度，其对应的外汇占款增量和外汇储备增量的数值差异也较大。由于外汇占款增量和外汇储备增量的差异主要在于外汇占款增量剔除了外汇储备中

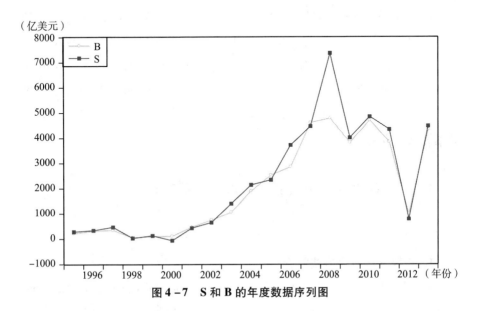

图 4－7 S 和 B 的年度数据序列图

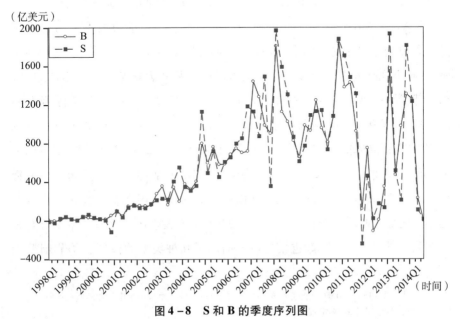

图 4－8 S 和 B 的季度序列图

的投资收益和由汇率变动引起的资产损益。因此，对于产生这种差异的一种可能的解释是：两种方法的测算结果差异比较大的年份或季度很可能是由于投资收益的变动和汇率的变动引起的。

另外，我们将本书的测算结果与张明（2011）用6种方法测算的结果进行简单比较发现，本书的测算结果在一致性检验上明显优于张明（2011）的测算结果。张明（2011）用6种方法测算了中国1991～2009年共计19年的短期国际资本流动规模，他的6个测算结果只在以下9年（1995年、1996年、1998年、1999年、2000年、2003年、2004年、2005年、2006年）的时间里保持了测算结果方向一致性，在19个测算值中，其测算结果方向的一致性不到50%。

4.2.3 测算结果的趋势分析及其可解释性

1. 趋势分析所用方法简介

这里所用的趋势分析技术主要包括 X – 12 – ARIMA 法和 Hodrick – Prescott 滤波法（以下简称 HP 滤波）。下面将对这两种方法做一个简单介绍。

X – 12 – ARIMA 法[①]是一种典型的季节调整法，能够将季度与月度时间序列数据分解为趋势因素（trend）、循环因素（cycle）、季节因素（season）和不规则因素（irregular），也可以得到趋势因素和循环因素的组合，即趋势循环因素（trend-cycle），通常也称为 TC 序列。1998 年美国普查局的 Findley 等在 X – 11 法以及加拿大统计局的 X – 11 – ARIMA 法和 X – 11 – ARIMA88 版（Dagum, 1988）的基础上推出了 X – 12 – ARIMA 法。X – 12 – ARIMA 法在采用 X – 12 法前，先使用 ARIMA 模型对序列的两端进行了延伸。X – 12 – ARIMA 法的重大改进弥补了 X – 11 – ARIMA88 版本未能实现的不足之处，同时也改进了 X – 11 – ARIMA88 版本在建模和诊断能力方面的缺陷。其中最重要的改进之处在于增加了几种类型的模型和季节调整诊

---

① 对于 X – 12 – ARIMA 法的介绍，主要参考了石刚等：《季节调整中的移动假日调整方法研究》，中国统计出版社 2014 年版。

断方法，X - 12 - ARIMA 法的一个主要特征就在于它的 regARIMA 建模能力，regARIMA 建模的使用会提高前推后估计的价值，同时，通过它的异常值检测能力，能帮助全模型参数估计和对附加的异常值和水平移动的模型预测。

作为 X - 11 季节调整程序的提高版，X - 12 - ARIMA 法的理论原理虽仍为滑动平均法，但其模型和用途的结合更加完善，还包括多种新的诊断方法，能帮助使用者发现和纠正在季节和日历因素影响下的不规则因素，并通过选择不同的程序对不同的时间序列进行调整，从而更好地改进序列端值和折断点（一般由节假日、股票交易日等特殊时点影响所致）的拟合度，提高预测效果。X - 12 - ARIMA 法只适合季度和月度统计数据，而且前向预测或后溯估测数据点最多 250 个，每一时序样本观察值最多 2500 个，交易日因子不超过 28 个，季节频长不超过 12（即 12 个月）。由于 X - 12 - ARIMA 法具有较强的适应性和功能的完善性，所以应用范围很广泛，在美国和加拿大的经济界已得到了广泛的应用，成为进行经济分析预测的有效工具，日本银行（Bank of Japan，BOJ）已采用此种方法，日本通产省的 MITI 法也吸收了 X - 12 - ARIMA 法的内容。

Hodrick - Prescott 滤波法[1]是一种平滑方法（smoothing method），广泛应用于宏观经济分析中以获得一个时间序列的长期趋势成分的平滑估计（smooth estimate）。HP 滤波法最早由 Hodrick a Prescott 在他们的工作论文（该论文完成于 20 世纪 80 年代，1997 年发表）中用来分析美国战后的经济周期。从技术上讲，HP 滤波法是一种两边线性过滤（two-sided linear filter）的方法，定义被调整时间序列为 y，平滑序列为 s，则 HP 滤波可理解为选择合适的平滑序列 s 使式（4 - 5）最小化。

$$\sum_{t=1}^{T} (y_t - s_t)^2 + \lambda \sum_{t=2}^{T-1} ((s_{t+1} - s_t) - (s_t - s_{t+1}))^2 \qquad (4-5)$$

其中，式（4 - 5）前一项可理解为 y 对 s 的方差，后一项可理解为惩罚约束。惩罚参数 λ 控制着平滑序列 s 的平滑度，λ 越大则 s 越平滑，当 λ 趋于无穷时 s 逼近线性趋势。一般来说，λ 数值的选取由拉文和乌利希（Ravn

---

① 关于 HP 滤波的简介，主要参考了"EViews 6 Users Guide I"，pp. 360 - 361.

and Uhlig，2002）的频度次幂法则①来确定。在一般的软件计算中（如 EViews），通常取 2 次方，进而得到对年度数据采用 HP 滤波调整时 λ 取 100；对季度数据调整时 λ 取 1600；对月度数据调整时 λ 取 14400。

考虑到时间序列长度的影响以及两种方法各自的特点，下面将主要对中国短期国际资本流动测算的季度规模（从 1998 年 Q1 到 2014 年 Q3 共计 67 个测算值）和月度规模（从 1999 年 1 月到 2014 年 11 月共计 179 个测算值）进行 X – 12 – ARIMA 法分析以及 HP 滤波分析。

2. 测算结果的可解释性分析

对于中国短期国际资本流动的年度规模的测算结果，石和练（2014）从汇率改革②的角度，对 1995～2012 年的测算结果划分为三个阶段进行解释。第一阶段，1995～2002 年，我国的短期国际资本主要表现为流出，一方面由于亚洲金融危机爆发对市场投资者造成负面影响，另一方面中国开始进行汇率改革，实行盯住美元的汇率政策，造成了人民币一定程度的高估。亚洲金融危机之前的两年，我国短期国际资本已经表现为外逃，其中 1995 年净流出规模约为 200 亿美元，1996 年净流出规模约为 300 亿美元，1998 年净流出规模达到最大，之后净流出规模逐渐减小。到 2001 年和 2002 年，中国短期资本净流出现象得到减弱，净流动方向开始转变为净流入。第二阶段，2003～2005 年，我国短期国际资本主要表现为流入，主要由于 2003 年之后，美元贬值压力增加，迫使市场对盯住美元的人民币汇率由贬值预期调整为升值预期。第三阶段，2006～2011 年，我国短期国际资本主要表现为加速流入，一方面由于我国 2005 年 7 月和 2010 年 6 月连续两次实施了汇率改革，提升了市场对人民币的升值预期，初始短期国际资本加速流入；另一方面，国际经济形势低迷，美国和欧洲相继发生债务危机，美国实行第三轮量化宽松政策（QE3），中美利差不断扩大，加速了短

---

① 该法则由拉文和乌利希提出，具体指数据中每年时期的个数除以 4，然后取 4 次方再乘以 1600 即得到 λ 的值。

② 中国从 1997 年开始进行汇率改革，实行了盯住美元的汇率政策，人民币币值比较稳定，汇率基本维持在 8.3 左右。2005 年 7 月中国实施了第一次汇率改革，人民币实行有管理的浮动汇率制。2010 年 6 月中国实施人民币第二次汇率改革，采取人民币对美元小幅渐进升值策略，以加快人民币国际化进程，加剧了市场对人民币升值的预期。

期国际资本的流入①。

对于中国短期国际资本流动的季度规模和月度规模，分别采用 X‐12‐ARIMA 法和 HP 滤波法对它们进行趋势分析。经过 X‐12‐ARIMA 法进行调整，我们可以得到月度规模 MSCF 的趋势循环序列（表示为 TC‐MSCF）；直接法测算的季度规模 QSCF1 的趋势循环序列（表示为 TC‐QSCF1）；间接法测算的季度规模 QSCF2 的趋势循环序列（表示为 TC‐QSCF2）。经过 HP 滤波分析，我们可以得到 MSCF 的趋势序列（用 T‐MSCF 来表示）；直接法测算的季度规模 QSCF1 的趋势序列（表示为 T‐QSCF1）；间接法测算的季度规模 QSCF2 的趋势序列（表示为 T‐QSCF2）。T‐QSCF1 与 TC‐QSCF1、T‐QSCF2 与 TC‐QSCF2、T‐MSCF 与 TC‐MSCF 的时间序列图分别如图 4‐9、图 4‐10、图 4‐11 所示。通过计算 T‐QSCF1 与 TC‐QSCF1 的平均值、T‐QSCF2 与 TC‐QSCF2 的平均值以及 T‐MSCF 与 TC‐MSCF 的平均值，我们可以较为清晰地将中国短期国际资本流动规模分为三个阶段，如表 4‐4 所示。从表 4‐4 中可以看出，第一阶段主要表现为短期国际资本流出，直到 2001 年；第二阶段表现为短期国际资本流入，从 2002 年直到 2011 年；第三个阶段主要表现为短期国际资本流出，从 2012 年开始。从基于月度规模和季度规模的测算结果对中国短期国际资本流动的阶段的划分来看，与基于年度规模的测算结果的划分基本一致。

中国短期国际资本流动从 2012 年以来主要表现为流出，对于流出的原因我们尝试给出以下解释：第一，我国的基础货币 M2 增发过快，使得人民币存在贬值的风险。程国平和刘丁平（2015）的研究显示，我国 2013 年的 M2 与 GDP 的比值高达 425.18，处于世界前列。第二，我国的资产价格已经被推高，各项资产投资的空间有限。从 2003 年到现在，我国经济快速发展，同时各种资产价格也快速被拉高，特别是房地产的价格已经到达一个非常高的位置。第三，政府的债务规模逐渐增加，存在一定的信用风险。根据渣打银行（2013）的测算，截至 2013 年上半年末，中国地方政府债务估计在 21.9 万亿元，如果加上公司化的地方政府融资平台的贷款，则债

---

① 本段中数据由作者测算得出。

务总额最高或达 24. 4 万亿元①。第四，中国的劳动力成本快速上升，环境保护制度日益严格，劳动密集型与高能耗高污染产业不再具有投资竞争力。

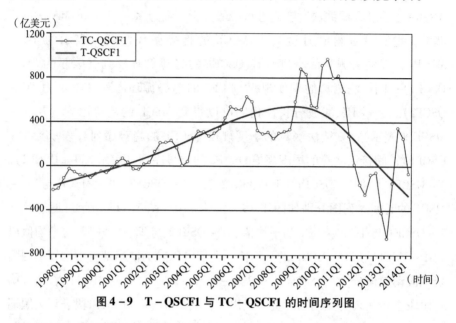

图 4－9　T－QSCF1 与 TC－QSCF1 的时间序列图

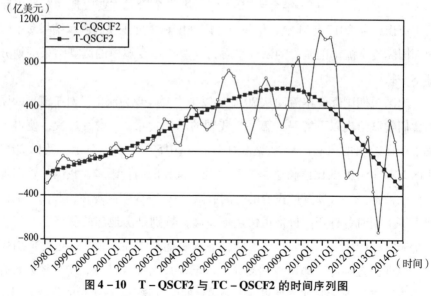

图 4－10　T－QSCF2 与 TC－QSCF2 的时间序列图

---

① 《财经网》报道：《渣打银行：中国地方政府债务或近 25 万亿元》，http：//money. 163. com/13/1010/08/9AQHBFTB00253B0H. html。

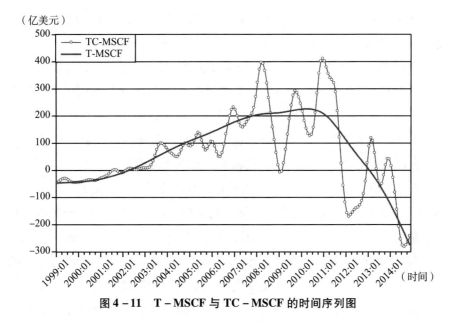

图 4 – 11　T – MSCF 与 TC – MSCF 的时间序列图

表 4 – 4　　　　　　　　依据季度规模与月度规模对中国短期
国际资本流动三个阶段的划分

序列	第一阶段（流出）	第二阶段（流入）	第三阶段（流出）
TC – QSCF1 和 T – QSCF1 的均值	Q1 1998 to Q1 2002	Q2 2002 to Q2 2012	Q3 2012 to Q3 2014
TC – QSCF2 和 T – QSCF2 的均值	Q1 1998 to Q1 2002	Q2 2002 to Q1 2012	Q2 2012 to Q3 2014
TC – MSCF 和 T – MSCF 的均值	Jan. 1999 to Mar. 2002	Apr. 2002 to Dec. 2011	Jan. 2012 to Nov. 2014

3. 异常数据点的可解释性分析[①]

对于中国短期国际资本流动的季度规模和月度规模的测算结果，分别出现了一些波动较大的点，这里我们把这些点称为异常数据点，下面分别针对季度规模以及月度规模的异常数据点尝试进行解释。

对于季度数据，1998 年 4 季度、2000 年 1 季度、2001 年 1 季度、2001

[①] 本部分数据由作者测算得出。

年 4 季度、2002 年 4 季度、2003 年 1 季度、2004 年 1 季度、2008 年 1 季度和 2012 年 2 季度共计 9 个时间节点短期资本流动出现异常变化。

1998 年 4 季度从 3 季度约 -150 亿美元增加到 25 亿美元，短期国际资本从总体的净流出转为净流入，这主要可能是因为 1998 年东南亚金融危机后，中国政府重视金融的稳定发展，努力参与构建国际金融秩序，这在一定程度上提升了中国的国际信誉。这从我国短期贸易信贷差额（负债）的数据也可以得到验证，我国短期贸易信贷差额（负债）1998 年 4 季度数据从 3 季度 -62 亿美元增加到 119 亿美元，净增长了 181 亿美元。2000 年 1 季度由上季度的约 -123 亿美元增加到约 -2 亿美元，很大一部分是由于其他短期资产变动引起的，我国其他资产短期差额（资产）由 -26 亿美元增加到 31 亿美元，净增长 57 亿美元。2001 年 1 季度由上季度 -11 亿美元增加到 118 亿美元，这主要可能是受美国互联网泡沫和高科技产业低迷化影响，美国、欧盟、日本等发达国家经济增速纷纷走低，短期国际资本向中国等新兴经济体流入，这从我国短期贸易信贷差额（负债）从 2000 年 4 季度的 -42 亿美元增长到 2001 年 1 季度的 79 亿美元也可以得到验证；2001 年 4 季度由上季度 33 亿美元减少到 -55 亿美元，主要是受贸易信贷短期波动和货币市场工具差额（资产）波动引起的，这并不影响 2001 年短期国际资本外逃减弱，并开始出现短期国际资本流入总体趋势。2002 年 4 季度由上季度约 -40 亿美元增加到约 147 亿美元，进而增加到 2003 年 1 季度约 300 亿美元，由短期国际资本净流出转变为短期国际资本净流入，进而表现出短期国际资本加速流入，这主要可能因为 2002 年 4 季度美国、欧盟都采取降息政策，日本更是在保持零利率的基础上，采取宽松的货币政策。而中国人民银行和中国证监会于 2002 年 11 月 8 日联合发布《合格境外机构投资者境内证券投资管理暂行办法》，并自 2002 年 12 月 1 日起施行，这将有利于中国境外投资机构进入中国投资。2004 年 1 季度由上季度 368 亿美元减少到 -42 亿美元，主要可能是因为国家外汇管理局加强短期资本流动的监管，控制短期资本流入；2008 年 1 季度由上季度 64 亿美元上涨到 1009 亿美元，这主要可能是受 2007 年美国次贷危机影响，其负面影响不断扩大，美国投资银行逐步陷入危机，短期国际资本纷纷逃离美国的发达国家市场，进入中国等新兴经济体市场。2012 年 2 季度由上季度约 592 亿美元减

少到 -237 亿美元，2012 年 3 季度和 4 季度则分别为 -794 亿美元和 -182 亿美元，2012 年由年初短期国际资本流入转变为短期国际资本流出，这主要可能是因为 2012 年 4 月我国超 4 万亿元基建投资横空出世，基础货币 M2 增发过快，以及投资者对中国地方政府债务的担忧。

对于月度数据，2000 年 12 月、2003 年 1 月、2004 年 11 月、2007 年 9 月、2007 年 12 月、2008 年 1 月、2008 年 11 月、2009 年 1 月、2010 年 5 月、2011 年 10、2012 年 4 月、2013 年 1 月、2013 年 5 月、2013 年 10 月共计 14 个时间节点短期国际资本流动出现异常变化。

2000 年 12 月短期国际资本流动规模由上月的 -33.78 亿美元下降到 -198.35 亿美元，短期国际资本突然加速流出中国，这主要可能是受美国大选的影响。12 月 13 日，竞争激烈的美国大选落下帷幕，布什当选美国总统。11 月 13 日，由于美国总统选举胜负难分，纽约股市全面下跌，纳斯达克指数一年多来首次跌破 3000 点大关，收于 2967 点，这是纳指至 1999 年 10 月 12 日创 3026 点以来的最低纪录。

2003 年 1 月，短期国际资本规模由上个月份的 12.65 亿美元上涨到 104.05 亿美元。短期国际资本突然加速流入中国，主要可能是受美元经济复苏乏力，美元汇率大幅贬值，美国大公司丑闻不断影响。2002 年 12 月 20 日，美国司法部门与证券管理部门对美国十大证券交易商处以 14.35 亿美元罚款，这是美国证券监管史上最大的一笔罚款，投资者对美元及美国股市的不信任导致大量短期国际资本流出美国，进入中国等新兴市场国家。

2004 年 11 月，短期国际资本突然加速流入中国，由上月的 95.54 亿美元上涨到 569.06 亿美元，这主要可能是受 10 月底央行上调金融机构存贷款基准利率，并放宽人民币贷款利率浮动区间，以及美元汇率走低、日本经济低迷（日本第三季度 GDP 折合成年率增长 0.2%，低于此前公布的增长 0.3%，较上个季度仅增长 0.1%）等国内外因素影响。

2007 年 9 月，短期国际资本流入由上月度的 79.23 亿美元上涨到 531.06 亿美元，这主要可能是由于 9 月 18 日，美联储超乎预期地将联邦基金目标利率调降 50 个基点，此举结束了自 2006 年 8 月 8 日以来持续 9 次维持目标基金利率于 5.25% 不变的进程，受降息影响，美元持续贬值，全球投资者纷纷减持美国国债。此外，9 月 15 日，央行年内第 5 次加息，受美联储降息，央行加息影响，短期国际资本大规模流入。

2007 年 12 月短期国际资本大规模流出，流出规模为 529.09 亿美元，这主要可能是因为 12 月 12 日，美联储联合欧洲中央银行、加拿大银行、英格兰银行、瑞士国民银行共同采取旨在缓解短期货币市场融资压力的措施，为全球货币市场提供资金。这是继"9·11"事件以来最大的一次国际金融合作。

2008 年 1 月，短期国际资本又由上月度的大规模流出转为大规模流入，流入规模为 699.18 亿美元，这主要可能受国际金融危机影响，美联储采取降息政策，美元贬值；2008 年 11 月和 2009 年 1 月短期国际资本流出，流出规模分别为 95.61 亿美元、79.94 亿美元，这主要可能是因为美国大规模救市计划和经济刺激方案的影响。

2010 年 5 月，短期国际资本的流动规模由上月度的 360.69 亿美元下降到 1.8 亿美元，这主要可能是因为 5 月 10 日，为防止希腊主权债务危机蔓延，欧盟启动史上最大规模的救市计划，受欧盟救市计划影响，短期国际资本减少流入中国。

2011 年 10 月，短期国际资本突然由上月 240 亿美元下降到 -170 亿美元，此后 11 月、12 月都表现出大规模流出趋势，这主要可能受美国第二轮量化宽松政策预期影响，短期国际资本流回美国等发达经济体。2012 年 1 月~3 月短期国际资本又流入中国，这主要可能是因为欧美经济体面临巨额债务，美国国债总额超过其经济规模总值，达到象征性引爆点。此后，2012 年 4 月短期国际资本流动规模由上月份的 132.84 亿美元突然下降到 -233.39 亿美元，此后连续 7 个月内短期国际资本持续流出中国，这主要可能是因为美国于 9 月和 12 月初推出 Q3、Q4，日本、欧盟、英国等主要发达经济体也纷纷采取量化宽松政策。

2013 年 1 月短期国际资本突然大规模流入中国，净流入规模达到 845 亿美元，这主要可能是因为美国多项减税和刺激政策将到期，同时触发"自动支出削减机制"，带来财政赤字断崖式下降。此后 3 个月短期国际资本都表现出净流入状态，从 5 月份开始短期国际资本又持续流出中国，6 月净流出达到 335 亿美元，这主要可能是受美联储实施超低利率和宽松货币政策，穆迪上调美国经济前景由"负面"上升至"稳定"等事件影响。
10 月短期国际资本突然大规模流入，净流入 480 亿美元，这主要可能是受
美国联邦预算方案没有通过，美国联邦政府非核心部门关门，以及美国的
官方债务总量大幅飙升 3270 亿美元，首次突破 17 万亿美元，创历史新高，
美国债务/GDP 比重再度突破 100% 的影响。

第5章
短期国际资本流动测算系统及其开发

短期国际资本流动的测算由于涉及的基础指标和调整指标较多，测算的数据频度既有年度、季度又有月度，且测算的公式也各有区别，由于没有专门的计算软件，而采用 Excel 计算，无法集数据存储、指标管理与计算过程于一体，使得连续的日常测算工作较为麻烦。因此，为了使中国短期国际资本流动的规模测算便捷、持续，本章主要探讨短期国际资本流动测算系统的设计及其开发。根据软件工程经验，一个软件系统的需求对软件系统的开发至关重要。根据 Standish Group 发布的报告显示，其对 23000个软件项目进行的研究表明，软件项目开发的失败率约为 74%，在失败项目中由需求问题导致的失败率约为 60%，即有近 45% 的项目失败最终原因在于需求分析存在问题（张友生，2006）。

基于此，本章将首先对系统进行需求分析。本章共计包含 3 节，具体安排如下：第 1 节主要针对短期国际资本流动测算系统做一个开发前的系统需求说明与介绍，使系统的使用者能够清楚地知道该系统具备哪些功能。第 2 节主要介绍短期国际资本流动测算系统的设计原则、设计方案以及技术架构等。第 3 节主要介绍短期国际资本流动测算系统的开发及其实现。

5.1 短期国际资本流动测算系统需求说明

短期国际资本流动与一国的经常账户平衡、金融市场稳定、宏观经济稳定等密切相关。短期国际资本流动是国际经济学中的一个重要内容，是宏观经济决策部门关注的一个重要经济指标。快捷、持续、准确地对一国的短期国际资本流动规模进行测算，将有利于该国政府部门相关政策的制定与相关市场的监管与调控。这里开发短期国际资本流动测算系统的目的主要有以下三点。第一，使得对测算中所有涉及的各个指标的数据管理便捷。第二，使得测算的过程与测算结果的展示变得便捷。第三，便于今后测算工作的持续进行及进行相关更新。

围绕着以上三个目标，短期国际资本流动测算系统的需求主要包括以下几个方面：指标管理、数据管理、公式管理、规模测算、系统维护管理。

5.1.1 指标管理需求说明

指标管理的具体内容包含了指标的分类管理以及指标的动态管理（增减、维护等）。指标的分类管理是指在对所有涉及的指标进行分类的基础上，根据分类的标准或分类的维度对指标进行管理。一般来说，指标的分类标准或维度的选择主要基于统计指标的六要素来进行，即指标名称、计量单位、计算方法、时间限制、空间限制、指标数值。

指标名称即指每个涉及的指标，不管是直接的基础统计指标，还是经过计算得到的中间指标，都需要给一个明确的名称，为了后面计算方面和表述方便，名称可以用英文字母进行简单表述，但必须给出中文名称或解释。与指标名称对应的还需要给出一个指标编号，指标编号是整个软件系统中区分每一个指标的唯一标识号。计量单位是指统计指标数量的计量单位，如亿美元、十亿美元等。计算方法用于指标的分类时通常是指根据该指标是否需要经过计算得到而分为基础指标和计算指标两类。基础指标是指可以直接录入或导入的指标（如表 3 - 4 中列出的长期项目和短期项目中的各个指标），而计算指标是需要通过定义的计算公式计算得到的指标，这类指标无须录入或导入，而是根据基础指标以及计算公式计算得到，比如各个基础指标的增长率指标、外国在华直接投资中的短期资本、贸易账户中投机性资本流入、净误差与遗漏项的调整项等。时间限制，在统计指标六要素中是具体指该指标的时间频度以及时间的跨度，用于指标分类时，则多指统计指标的时间频度。一般意义上的时间频度包含年度、半年度、季度、月度、周、日、时、分、秒等；但在本系统的应用开发中，只涉及年度、季度和月度三种类型的时间频度。空间限制一般是指统计指标所反应或隶属的空间范围（如地区范围中分为国家、省、市等），除此之外，还可以将其拓展为所隶属的行业、企业或某个特定的类别等，比如在本研究中，所涉及的指标就可以根据空间限制这一要素，分为长期项目、短期项目，以及经常账户、金融账户等。指标数值包含两层含义，一是指标的具体数值，二是指标数值的类型。当根据指标数值这一要素来进行指标分类时多采用它的第二层含义，即指标数值的类型，通常分为时期数、时点数、百分比数等。

显然，指标分类是一套多层次、多分枝、以业务逻辑为出发点的树形结构，具有很大的灵活性；每一个分枝都可以包含若干指标库中的指标，同一个指标也可以被包含于多个指标分类中；分类中的指标可以调整显示顺序，以得到更好的显示效果。总的来说，指标分类是一个相对稳定的分类结构，可以使用户对指标体系中的所有指标的组织方式一目了然，对于系统维护人员进行指标体系的管理和调整非常实用。对于指标的分类管理来讲，将上述各种分类的维度在系统开发中尽可能地进行较为完备的定义，显然有利于分类管理工作的进行。

指标的动态管理则是建立在指标的分类管理基础上，对指标的属性进行修改、增删，对指标的类别进行调整、修改的管理工作。如果在对研究的问题进行拓展时，比如讲短期国际资本流动与货币危机的研究进行关联时，则在相关的分析中可能需要增加其他的相关指标，同时可能会剔除或替换掉一些指标，这时就会涉及指标的增删、指标分类的调整等动态管理工作。因此，在进行系统开发时，考虑指标的动态管理非常必要。除此之外，多半在指标的属性中需要添加"备注"一栏，便于对个别指标的一些特殊情况进行补充说明。

5.1.2 数据管理需求说明

数据管理主要包括数据的动态维护管理、数据查询管理和数据的存储设计管理。所谓数据的动态维护管理是指对每个指标数据的导入、录入、修改、增加、减少、保存等需求实现管理。对于本系统的开发来说，数据的导入功能一般是指系统至少支持导入 Excel 格式、Text 格式的数据表格，并且在具体实现时具有"重复项跳过"或"重复项覆盖"的功能，即当导入数据的时候如果数据库中存在相同时间、单位和指标的数据的时候，根据此功能选择执行覆盖操作或不作处理。数据的查询管理要求能够支持对指标的编号或指标的名称进行查询。在展示查询结果时，要求对指标的基本信息（包含六要素信息）以及指标的数据信息同时进行展示。

对于数据的存储设计管理，一般传统的报表系统的数据存储是以报表为存储单元的，每一个报表在数据库中都是一个物理表，表中的指标是作为数据库表的字段定义的，如图 5-1 所示。这种存储方式通常会带来指标调整修改难、指标与数据的维护较难、占用的存储空间大等问题。为了满足指标管理以及数据管理的需求，这里采用类数据仓库的存储方式，将灵活的分类维度和灵活的指标数据进行组合，形成一个灵活、高效的数据存储体系，其模式如图 5-2 所示。基于这种存储结构，系统具有较大的灵活性，不管是时间的推移、地区（或账户）的变化、计算（基础）指标的调整、行业的增减，还是指标体系的变化，都无须对数据表本身进行调整，而只是记录的增、删、改而已。因此系统可以根据应用和业务的需要，对各个维度的信息进行配置后，形成一个适合业务发展需要的数据管理解决方案。灵活的数据存储设计，使得各种数据表格方便生成、各种常规和随机的查询分析易于实现，并可较好的节约所占用的存储空间，也更方便进行分区、索引等数据库优化。

......	指标 1	指标 2	......	指标 n
......	12345	12345	......	12345
......	12345	12345	......	12345
......	12345	12345	......	12345
......	12345	12345	......	12345
......	12345	12345	......	12345
......	12345	12345	......	12345
......	......	......	......	......

图 5-1　传统的报表数据存储方式

时间维	地区维	行业维	计算维	指标维	数据维
201501	110000	1421	[NULL]	1	12345
201502	110000	1421	[NULL]	1	12345
201503	110000	1421	[NULL]	1	12345
201510	110000	1421	[NULL]	1	12345
201512	110000	1421	[NULL]	1	12345
201504	110000	1421	[NULL]	1	12345
……	……	……	……	……	……

图 5-2　类数据仓库的数据存储方式

5.1.3　计算公式与规模测算需求说明

对于本系统来说，由于涉及的计算数据频度既有年度、季度又有月度，因此即使是计算的公式类似，但考虑到数据频度的不同，也使得计算公式的数目增加。具体来说，这里涉及的计算公式按计算方法来分，有直接法计算公式、间接法计算公式；按时间频度来分则有年度规模计算公式、季度规模计算公式和月度规模计算。根据第 4 章的式（4-1）、式（4-2）和式（4-3），本系统涉及的中国短期国际资本流动的计算公式一共有 5 个，即将式（4-1）用于年度数据的"直接法年度规模测算公式"、将式（4-2）用于年度数据的"间接法年度规模测算公式"、将式（4-1）用于季度数据的"直接法季度规模测算公式"、将式（4-2）用于季度数据的"间接法季度规模测算公式"、将式（4-3）用于月度数据的"间接法月度规模测算公式"。

规模测算需求，指的是根据定义的计算公式以及计算公式中的指标所对应的数据，对于具体计算结果的实现与展示，这里主要包括计算结果的实现和展示两个需求。对于计算结果的实现，主要是指根据选定的计算公式，在选定要计算的时间段之后，点击"计算确定"按钮，能够快速得到计算结果。而计算结果的展示则主要包括结果的数据列表展示、结果的序列图展示以及多个结果的序列图展示三个方面的内容。

5.1.4　系统维护管理需求说明

由于本系统开发的是单机版软件，并不需要通过网络访问，所以系统维护管理主要只包括系统的用户管理和系统的功能维护管理两个方面的内容。

用户管理的内容主要包括用户的总体管理和用户的权限管理。用户的总体管理具体包括用户名管理、用户动态管理。用户名管理是指每个使用该系统的用户都必须有正确的登录名和密码后才等进入系统，否则系统的所有功能和页面都无法使用，而这些用户名和密码则需要系统管理员提前在系统中给予设定后，把用户名和密码信息反馈给用户后用户才能使用。用户的动态管理则通常是包括用户的添加、用户信息的修改以及用户信息的删除；这里的用户信息除了用户名和密码这类登录系统的信息之外，还应包括使用用户的真实姓名、基本身份以及联系方式等基本信息。

用户的权限管理则是指系统可以通过功能、指标两个层面来限定用户的权限，具体来说，一是从功能层面，可以对每一个用户设定其对每一个功能模块具有什么样的权限；二是从指标层面，可以对每一个用户设定其对哪些类型的指标的数据具有访问权限。从用户权限的级别来看，一般可以将不同的用户分为四个级别。一是只读用户，即用户只能进行数据的浏览、数据的分析等只读性操作；在用户管理程序中，只读用户只能看到自己，且只能修改自己的用户名和密码。二是读写用户，即该类用户除了具有只读用户的权限外，还具有系统维护、数据录入、数据导入、数据保存等可写性权限；在用户管理程序中，读写用户只能看到自己，且只能修改自己的用户名和密码。三是系统用户，即该类用户除了具有读写用户的权限外，还可以对本系统的用户进行管理，包括用户的增加或修改，但不能删除用户；在用户管理程序中，系统用户可以看到所有用户，可以添加用户、对非超级用户的基本信息进行修改、对本系统的非超级用户进行权限修改设置。四是超级用户，即最高权限用户，是跨系统用户，对所有系统具有不受限制的访问权限；在用户管理程序中，超级用户可以对所有用户进行添加、修改或删除等操作和设置。

系统功能维护管理主要是指系统用户对系统的用户信息、指标信息、计算公式信息进行管理。对用户信息的管理需求说明在前面的用户管理中已经介绍，这里主要对后两项的需求进行说明。对指标信息的管理主要包括指标的增加、删减、修改以及权限设置四个方面。当增加新指标时，需要对指标的各个维度进行定义确认，如指标编码、指标名称、指标单位、指标时间频度等；修改指标是指系统中的所有指标的基本信息（这里是指指标的维度或要素信息而不是指标的数值）能够实现修改或选择（指设置好菜单供选择）的功能；而用户权限则主要与用户管理相结合，对不同的用户设置不同的指标权限，具体包括以下三类：一是仅仅可以浏览指标信息而不能修改；二是只能修改指标的某些维度（比如不能对指标是否为计算指标进行修改），不能增加或删除指标；三是可以修改指标的所有维度，同时可以增加或删除指标。计算公式的维护则主要包括公式的增加（再定义）或删除、公式的修改以及公式的权限设置三个方面的内容。公式的增加通常指根据研究需要，依据系统中已有的指标重新设定或定义新的计算公式；公式的修改主要是指对已有的公式进行再编辑。公式权限的设置同样与用户管理相联系，根据不同的用户级别来相应设置对公式的浏览权、修改权、增加与删减权等。

5.2 短期国际资本流动测算系统的设计与架构

5.2.1 设计原则

软件生命周期模型是进行系统设计开发的主要原则之一。软件系统研发设计一般采用软件生命周期模型，所谓软件生命周期（systems development life cycle，SDLC）是软件的产生直到报废的生命周期，软件生命周期主要包括问题的定义及规划、需求分析、软件设计、程序编码、软件测试、软件维护六大阶段。这种按时间分程的思想方法是软件工程中的一种思想原则，即按部就班、逐步推进，每个阶段都要有定义、工作、审查、形成文档以供交流或备查，以提高软件的质量。下面对这六个阶段进行简单的说明。

第一阶段，问题定义及规划，一般是指软件开发方与需求方共同讨论，确定软件的开发目标及其可行性。第二阶段，需求分析，一般是指在确定软件开发可行的情况下，对软件需要实现的各个功能进行详细分析；需求分析阶段是一个很重要的阶段，这一阶段做得好，将为整个软件开发项目的成功打下良好的基础，需要注意的是需求也会在整个软件开发过程中不断变化和深入，因此在规划设计时必须制定需求变更计划来应付这种变化，以保护整个项目的顺利进行。第三阶段，软件设计，主要是指根据需求分析的结果，对整个软件系统进行设计，包括系统框架设计、数据库设计、总体设计、详细设计等；一般来说，好的软件设计将为软件程序编写打下良好的基础。第四阶段，程序编码，一般是指将软件设计的结果转换成计算机可运行的程序代码；在程序编码中必须要制定统一、符合标准的编写规范，以保证程序的可读性、易维护性，提高程序的运行效率。第五阶段，软件测试，一般是指在软件程序编写完成后，进行严密的测试，以发现软件在整个设计与开发过程中存在的问题并加以纠正；通常整个测试过程分单元测试、组装测试以及系统测试三个阶段进行，在测试过程中需要建立详细的测试计划并严格按照测试计划进行测试，以减少测试的随意性；测试的方法主要有白盒测试和黑盒测试两种。第六阶段，软件维护，它是软件生命周期中持续时间最长的阶段；一般在软件开发完成并投入使用后，由于多方面的原因，软件系统有时不能继续适应用户的要求，此时要延续软件的使用寿命，就必须对软件进行维护，主要包括纠错性维护和改进性维护两个方面。

系统在开发过程中除了遵循软件生命周期原则之外，还需要结合系统的实际需要，充分利用现有的各种硬件、软件资源，尽可能保证建立一个稳定、安全且性能高的系统。因此，系统的设计与建设过程还必须遵循灵活性、稳定性、经济性、安全性四个基本原则。

所谓灵活性是指系统不管是在界面开发设计上，还是在数据库的存储设计上，都应具有足够的灵活性，以保证系统能够满足不断变化的现实需要，同时也便于系统的维护、修改与升级。例如，类数据仓库的数据管理模式，既满足系统数据存放和使用的灵活性要求，也兼顾了节省存储空间和提供高性能的需要。系统的稳定性是对所有软件系统的一项基本要求，它要求软件系统具有较好的长期稳定性和可靠运行的能力，并且系统的接入应不影响原有相关系统的正常运行；一般来说，成熟稳定的架构、灵活的系统配置、丰富的应用经验，能够使系统具备快速部署和适应未来变化的能力，从而增强系统的稳定性。所谓经济性是指软件系统应该具有较好的性价比，能以最少的投资获得最好的效果。安全性对于软件系统来讲，同样也是一项最基本的要求；通过对用户的管理以及功能权限的管理，能够实现对用户身份认证、数据资源的访问权限控制等多种安全防范措施，防止非法用户的使用和对数据的越权操作。

5.2.2 技术架构

技术架构是系统构架中的一部分。一般来说，系统架构是指对已确定的需求的技术实现构架，作好规划，运用成套、完整的工具，在规划的步骤下去完成任务。系统架构一般分为两类，即基础架构和软件开发设计的技术架构。基础架构主要是指对系统运行的硬件环境的架构设计，包括OS、网络、硬件、各种应用服务器等。软件开发设计的技术架构主要是指对软件开发的运行模式、层次结构、调用关系以及具体技术实现类型进行规划和设计。软件系统的灵活性和适应性有赖于优秀的系统架构。

根据本研究的需求以及实现的可能性，这里的技术架构采用层级式模式，依次从下往上分为数据层、组件层、业务层和交互展示层，每一层都用来解决特定层次的问题。具体技术架构层次图如图 5 - 3 所示。

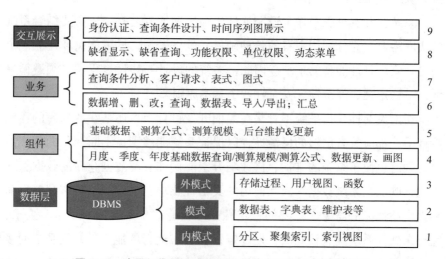

图 5 - 3　中国短期国际资本流动测算系统技术架构层次图

　　数据层，分为内模式、模式和外模式三层。内模式层主要解决物理存储和性能优化问题；模式层用来实现系统的数据库表格；外模式层提供面向应用的接口，例如存储过程、视图和自定义函数等。需要说明的是，数据库管理系统（DBMS）实现指标管理与数据管理的核心和基础，它将信息系统中大量的数据按一定的模式组织起来，提供存储、维护、检索数据的功能，使信息系统可以方便、及时、准确地从数据库中获得所需的信息。因此，重视数据库设计、优化数据结构，可以有效避免数据冗余，提高系统的数据处理和运算的能力与效率；具体来说，可以通过调整数据结构的设计、调整应用程序的结构设计、调整数据库的 SQL 语句、调整服务器内存分配、调整硬盘 I/O、调整操作系统参数等方式优化数据库设计，提高信息化系统的数据处理和运算的能力与效率，进而提高系统的开发质量。

　　组件层，通常用来实现通用组件，如基础数据查询、测算规模、图形展示等，以便更高层中使用这些组件来搭建业务逻辑和应用展示。

　　业务层，解决与业务逻辑相关的问题，分为业务组件层和业务逻辑层。业务组件层是利用组件层中的通用组件，结合业务需要，构造出一系列的基本业务单元。而业务逻辑层是把业务组件层进行进一步的整合，构造出一系列合乎业务需要的完整流程。

　　交互展示层，用来产生用户交互界面，分为单一页面层和系统框架层。单一页面层利用业务层和组件层封装好的各种组件和控件，将业务逻辑呈现给用户；而系统框架层提供一个容器，将每一个页面根据配置需要和用户权限的限制有效组织起来，从而提供给用户一个完整的、紧密联系的应用系统。

　　通过这种多层架构，不同的问题将在不同层次上得以解决，最大限度地保证系统的整体稳定性，并使系统具备了优秀的可扩展行。

5.2.3　设计方案

　　根据短期国际资本流动测算系统的需求以及技术架构，同时结合现有的资源，这里采用基于 C/S 架构的两层系统架构，用户端 C 端采用 Java 程序语言进行编程，开发环境用 Eclipse 编程开发软件，服务端 S 端采用的是 MySQL 数据库编程来作为本软件系统的设计方案。

C/S（Client/Server）架构，即一般所熟悉的客户机和服务器结构。它是软件系统的体系结构，通过它可以充分利用两端硬件环境的优势，将任务合理分配到 Client 端和 Server 端来实现，从而有效降低了系统的通讯开销。C/S 结构的基本原则是将计算机应用任务分解成多个子任务，由多台计算机分工完成，即采用"功能分布"原则。客户端完成数据处理、数据表示以及用户接口功能；服务器端完成 DBMS（数据库管理系统）的核心功能。采用 C/S 架构进行软件系统开发有两方面的优点：一是减轻应用服务器（S 端）数据运行负荷。C/S 架构由前台的客户服务器程序和后台的数据库服务器两部分构成。一旦服务器程序被启动，就随时等待响应客户程序发来的请求。当需要对数据库中的数据进行任何操作时，客户程序就自动地寻找服务器程序，并向其发出请求，服务器程序根据预定的规则作出应答，送回结果，应用服务器运行数据负荷较轻。二是更加透明化的数据存储管理功能。在数据库应用中，数据的储存管理功能是由服务器程序和客户应用程序分别独立进行的，并且通常把那些不同的（不管是已知还是未知的）前台应用所不能违反的规则在服务器程序中集中实现，例如，访问者的权限、编号可以重复、必须有客户才能建立订单这样的规则。所有这些，对于工作在前台程序上的最终用户是"透明"的，他们无须过问（通常也无法干涉）背后的过程，就可以完成自己的一切工作。

短期国际资本流动测算系统的系统架构图如图 5 - 4 所示。从图 5 - 4 中可以看出，该系统的客户端包括了界面展示层 UI 和业务逻辑层 BLL，用于用户交互，接收用户请求；中间桥接层包括了 ADO 链接和 Web 应用服务器，用于连接客户端与数据层；数据服务端包括了 Web 服务层、数据访问层以及关系数据库，其中关系数据库采用 MySQL 数据库编程，用于数据储存与更新。该测算系统的开发平台采用 Eclipse 开发环境，Eclipse 是一个开放源代码的、基于 Java 的可扩展开发平台。就 Eclipse 其本身而言，它只是一个框架和一组服务，用于通过插件组件构建开发环境。Eclipse 附带了一个标准的插件集，包括 Java 开发工具（java development kit，JDK），能够满足短期国际资本流动测算系统的开发需要。

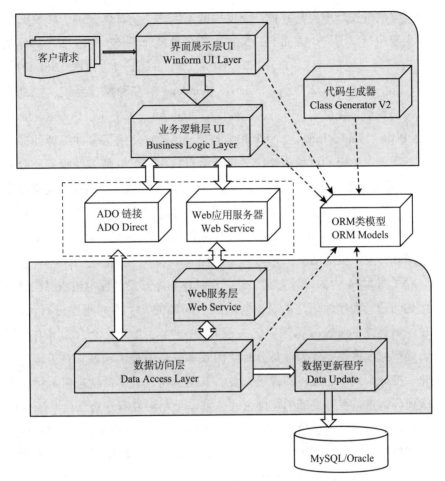

图 5-4　短期国际资本流动测算系统的系统架构图

短期国际资本流动测算系统的数据储存采用的是 Oracle 公司的 MySQL
数据库。该数据库最早由瑞典 MySQL AB 公司开发，目前属于 Oracle 公司
所有。MySQL 是一个较为流行的关系型数据库管理系统，在 Web 应用方面
有着较多的优势，其关联数据库将数据保存在不同的表中，而不是将所有
数据放在一个大仓库内，从而增加了速度并提高了灵活性。MySQL 所使用
的 SQL 语言是用于访问数据库的最常用标准化语言。MySQL 软件采用了双
授权政策，分为社区版和商业版，由于其体积小、速度快、总体拥有成本
低，尤其是开放源码这一特点，一般中小型网站的开发都愿意选择 MySQL
作为网站数据库；此外，它的社区版性能卓越，搭配上 PHP 和 Apache 可

组成良好的开发环境也是其被广泛使用的原因之一。具体来说，MySQL 的优点主要包括以下五个方面。一是它支持多种操作系统，可在多种操作系统平台运行，包括 AIX、FreeBSD、HP－UX、Linux、Mac OS、NovellNetware、OpenBSD、OS/2 Wrap、Solaris、Windows 等多种操作系统；二是它为多种编程语言提供了 API，这些编程语言包括 C、C＋＋、Python、Java、Perl、PHP、Eiffel、Ruby、.NET 和 Tcl 等，并且它使用了多种编译器进行测试，保证源代码的可移植性；三是它运行效率高，支持多线程，充分利用 CPU 资源，优化的 SQL 查询算法有效地提高查询速度；四是它提供用于管理、检查、优化数据库操作的管理工具，提供 TCP/IP、ODBC 和 JDBC 等多种数据库连接途径；五是在线 DDL/更改功能，数据架构支持动态应用程序和开发人员灵活性。

除了图 5－4 中的设计方案之外，在具体程序开发过程中还需要注意程序优化问题。程序优化是指对于解决同一问题的几个不同程序进行比较、修改、调整或重新编写程序，把一般程序变换为语句最少、占用内存量少、处理速度最快、外部设备分时使用效率最高的最优程序。对于程序的优化一般分为三个层级，即代码调整、新的视角、表驱动状态机。第一个层级代码调整是一种局部的思维方式，基本上不触及程序算法，它面向的是代码，而不是问题。这一层级的程序优化包括语句调整、用汇编重写、指令调整、换一种语言实现、换一个编译器、循环展开、参数传递优化等。第二个层级新的视角强调的重点是针对问题的算法，即选择和构造适合于问题的算法。第三个层级表驱动状态机是将问题抽象为另一种等价的数学模型或假想机器模型，比如构造出某种表驱动状态机。这一层级其实是第二层级的延伸，只是产生的效果更加明显，但它有其本身的特点（任何算法和优化活动都可以看作是它的投影）。在进行短期国际资本流动测算系统的程序开发、设计时，应该尽可能上升到第二个层级甚至到第三个层级，强调对问题的算法优化，发掘问题的本来意义，同时从不同的角度思考遇到的问题，使用适合于问题的算法。

对于用户操作流程的设计，这里采用 C/S 架构系统的常见模式，即用户登录或注册后登录，访问系统相关模块并进行操作。具体用户操作流程图设计如图 5－5 所示，用户打开系统软件后进入用户注册登录界面，如果用户没有注册，可以进行注册，并将注册信息记录保存到数据库中相对应的用户信息数据表中；如果用户已经注册，用户可以直接登录，系统会访问底层数据库用户信息数据表，对用户身份进行验证，并返回身份验证结果，如果身份验证正确，用户可进入用户操作界面，否则，系统会提示用户身份验证错误，请重新登录。用户登录进入软件系统操作界面后，可以根据用户需求，查询浏览基础指标数据信息、查询浏览测算公式、进行短期国际资本流动规模的测算、同时可以进行数据更新与维护等操作。软件系统根据用户的请求，访问底层数据库，并对用户指令进行处理，将处理结果返回给用户。短期国际资本流动测算系统底层数据库主要包括直接法基础指标数据表、间接法基础指标数据表、月度基础指标数据表、年季度短期国际资本流动测算规模表、月度短期国际资本流动测算规模表、用户信息表等。

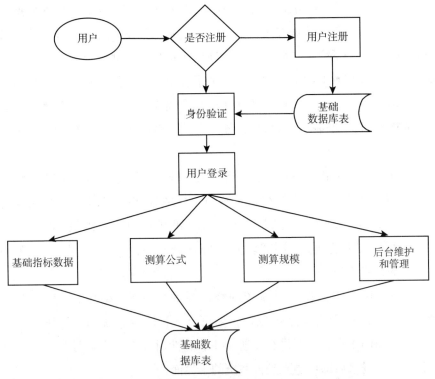

图 5-5　短期国际资本流动测算系统用户业务操作流程

5.3 短期国际资本流动测算系统的开发与实现

根据第 1 节的需求说明与第 2 节的方案设计可见，本研究要开发的是一个单机版的短期国际资本流动测算系统，主要目的在于使相关用户能够实时查询我国各个时间段（以及不同时间频度）内短期国际资本的流动规模和流动趋势（用图形表示），其中包括基于直接法和间接法测算的年度规模和季度规模，以及基于间接法测算的月度规模。同时，该系统还能够满足用户查询各个时间段（以及不同时间频度）内用于测算我国短期国际资本流动规模的基础指标数据，并能够查询该测算系统所采用的测算方法及其具体计算公式。该测算系统包括四大功能模块：基础数据查询模块、测算公式查询模块、测算规模查询模块和后台维护与管理模块。其中，基础数据查询模块包括年度直接法基础数据查询、年度间接法基础数据查询、季度直接法基础数据查询、季度间接法基础数据查询和月度间接法基础数据查询 5 个子模块；测算公式查询模块包括年度测算公式查询、季度测算公式查询和月度测算公式查询 3 个子模块；测算规模查询模块包括年度测算规模查询、季度测算规模查询和月度测算规模查询 3 个子模块；后台维护与管理模块包括更新数据、导入数据、画趋势图和删除数据 4 个子模块。

系统的硬件配置要求不高，一台个人电脑，具体配置为 CPU 为英特尔至强 3.4G×4 或以上，内存在 2GB 或以上，硬盘 30GB 以上；软件系统为常见的 Windows 2003 或 2007 简体中文标准版或以上，以及 SQL Server 2000 简体中文版或以上；同时装上 Eclipse 开发平台，即可应用 Java 来进行系统的开发工作。

短期国际资本流动测算系统的登录界面如图 5-6 所示。用户双击 RUN. EXE 文件，运行该系统软件，即可进入该测算系统用户注册登录界面。一般新的用户首先要进行注册，注册成功后凭借登录账号和密码再登录该系统，登录后即可进入到该系统的主界面。

图 5 – 6　我国短期国际资本流动测算系统用户注册界面

系统的主界面如图 5 – 7 所示。从图中可以看出，该系统的主界面主要包括了四个基本模块，即基础数据查询、测算公式查询、测算规模和后台维护 & 管理。由于时间限制和程序系统开发能力的限制，这里只采用了简单的横排形式，并没有将每个模块以树形结构采用竖排的形式展示。本系统只是初步实现了短期国际资本流动不同频度规模测算的程序化，后面所有功能的展示和实现都采用横排单一页面的方式进行，使得系统在操作和应用中与前面的需求及方案设计有所差别，这将在今后的研究中加以改进和完善。

年季度	直接法
1998Q1	-227.97
1998Q2	-271.86
1998Q3	-149.01
1998Q4	19.53

图 5 – 7　我国短期国际资本流动测算系统主界面

基础数据查询模块包含的子菜单有年度直接法基础数据查询、年度间接法基础数据查询、季度直接法基础数据查询、季度间接法基础数据和月度间接法基础数据查询5个子模块。其中每个子模块都采用横屏在一个页面展示的方式，将对所涉及的计算方法中用到的指标的数据同时展示出来，显然这种展示方式简单且一目了然；但缺点也是显而易见的，不够灵活、单个指标查询无法快速定位、不具备单个指标的数据增删功能、没法展示单个指标的序列图形等，这些都是今后系统改进的方向。5个子模块的界面展示图分别如图5－8、图5－9、图5－10、图5－11和图5－12所示。

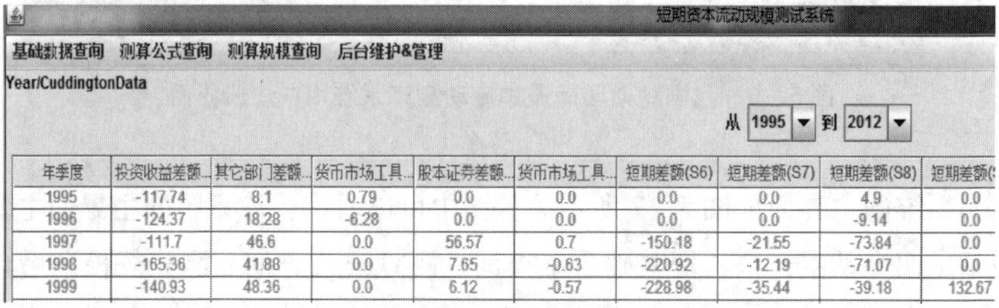

年季度	投资收益差额...	其它部门差额...	货币市场工具...	股本证券差额...	货币市场工具...	短期差额(S6)	短期差额(S7)	短期差额(S8)	短期差额(S
1995	-117.74	8.1	0.79	0.0	0.0	0.0	0.0	4.9	0.0
1996	-124.37	18.28	-6.28	0.0	0.0	0.0	0.0	-9.14	0.0
1997	-111.7	46.6	0.0	56.57	0.7	-150.18	-21.55	-73.84	0.0
1998	-165.36	41.88	0.0	7.65	-0.63	-220.92	-12.19	-71.07	0.0
1999	-140.93	48.36	0.0	6.12	-0.57	-228.98	-35.44	-39.18	132.67

图5－8 年度直接法基础指标数据查询页面

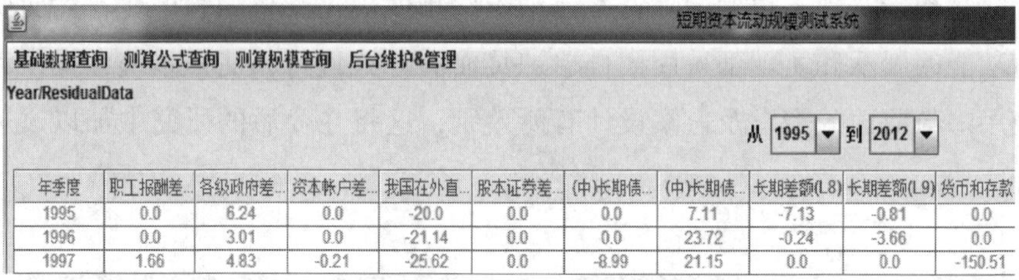

年季度	职工报酬差...	各级政府差...	资本帐户差...	我国在外直...	股本证券差...	(中)长期债...	(中)长期债...	长期差额(L8)	长期差额(L9)	货币和存款
1995	0.0	6.24	0.0	-20.0	0.0	0.0	7.11	-7.13	-0.81	0.0
1996	0.0	3.01	0.0	-21.14	0.0	0.0	23.72	-0.24	-3.66	0.0
1997	1.66	4.83	-0.21	-25.62	0.0	-8.99	21.15	0.0	0.0	-150.51

图5－9 年度间接法基础指标数据查询页面

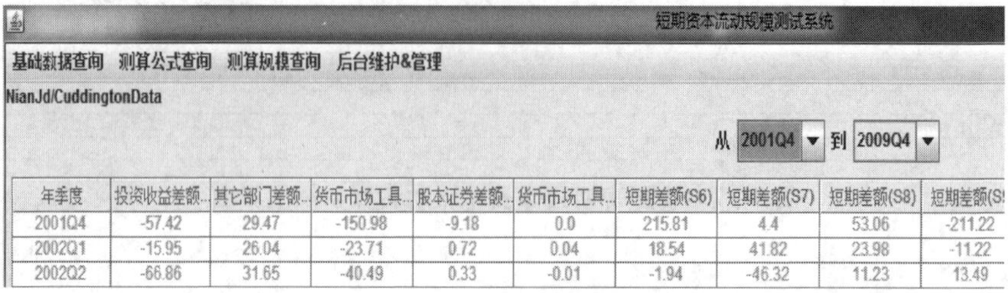

年季度	投资收益差额...	其它部门差额...	货币市场工具...	股本证券差额...	货币市场工具...	短期差额(S6)	短期差额(S7)	短期差额(S8)	短期差额(S
2001Q4	-57.42	29.47	-150.98	-9.18	0.0	215.81	4.4	53.06	-211.22
2002Q1	-15.95	26.04	-23.71	0.72	0.04	18.54	41.82	23.98	-11.22
2002Q2	-66.86	31.65	-40.49	0.33	-0.01	-1.94	-46.32	11.23	13.49

图5－10 季度直接法基础指标数据查询页面

图 5 – 11　季度间接法基础指标数据查询页面

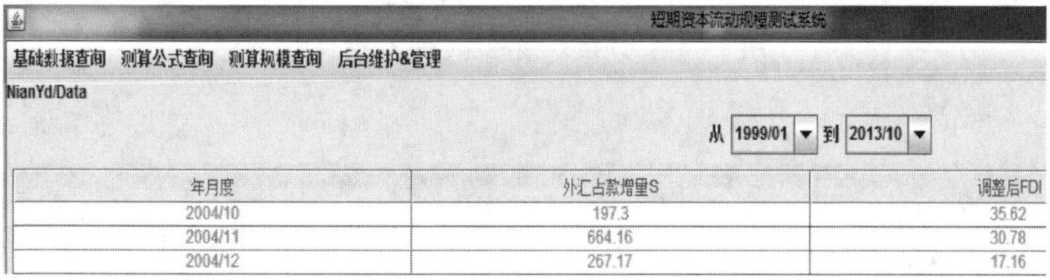

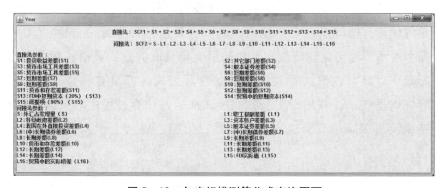

图 5 – 12　月度基础指标数据查询页面

　　对于测算公式查询模块，类似地分为年度规模测算公式、季度规模测算公式和月度规模测算公式 3 个子模块，每个模块通过横排单页面的方式进行展示。显然，测算公式查询模块只具有展示功能而不具有公式的编辑、修改功能，并且展示的结果也不够简洁，在公式展示设计和指标注释展示设计上也存在需要优化合理的地方，这些都是今后系统改进和完善的方向。3 个子模块对应的界面如图 5 – 13、图 5 – 14 和图 5 – 15所示。

图 5 – 13　年度规模测算公式查询页面

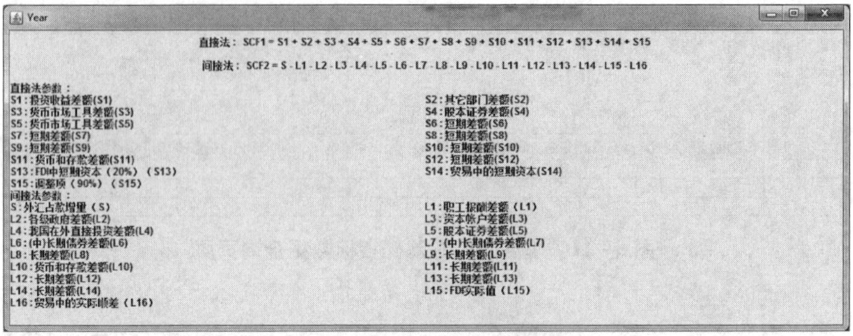

图 5 –14　季度规模测算公式查询页面

图 5 –15　月度规模测算公式查询页面

　　类似的，规模测算模块也分为若干个子模块，主要包括年度规模测算、季度规模测算规模和月度规模测算 3 个子模块。点击每个子模块后，系统会自动调用该模块对应的计算公式进行计算，给出相应的计算结果，同时可以将计算结果进行图形展示。图 5 – 16、图 5 – 18 和图 5 – 20 分别展示了年度规模测算、季度规模测算规模和月度规模测算的系统页面；图 5 – 17、图 5 – 19、图 5 – 21 则分别展示了 3 个子模块所得计算结果的序列图。从已经开发好的系统来看，该模块同样保持了简洁明了、操作简单的优点，但缺点也是明显的。缺点主要包括以下几个方面：第一，操作和展示都显得比较刻板，不如采用竖排页面的方式灵活；第二，在进行程序计算时，没法看到所对应的计算公式，即没有将公式模块的内容在这里展示，并用点击公式的模式来运行计算过程；第三，5 个计算结果没法在同一页面进行比较展示；第四，展示上个别的表示不够完善。

年季度	直接法
1995	-285.31
1996	-440.34
1997	-293.79
1998	-644.42

图 5 - 16   短期国际资本流动年度规模测算页面

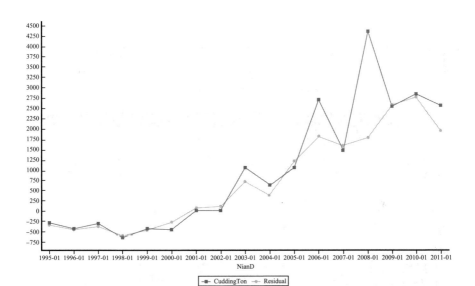

图 5 - 17   年度规模测算结果序列图页面

年季度	直接法
2000Q2	-61.73
2000Q3	-121.93
2000Q4	-213.10
2001Q1	108.68

图 5 - 18   短期国际资本流动季度规模测算页面

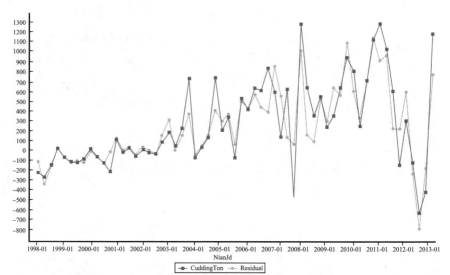

图 5 - 19　季度规模测算结果序列图页面

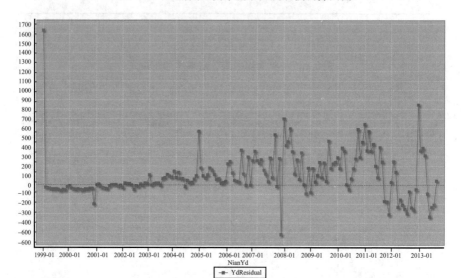

图 5 - 21　月度规模测算结果序列图页面

第 6 章
短期国际资本流动应用研究之前提
——影响因素分析

本章共计分为 3 节。其中第 1 节通过对相关文献进行回顾，对短期国际资本流动的影响因素进行评述，为后面影响因素的选取与实证分析的进行提供基础。第 2 节对所用的实证分析方法进行简单介绍。第 3 节根据前面两节的内容，对短期国际资本流动的影响因素进行实证分析，并对分析结果进行评价与总结。

需要说明的是，本章从逻辑上讲可以安排在第 7 章的后面，即对短期国际资本流动作为经济先行指标展开论证之后，再来分析影响短期国际资本流动的影响因素，从而能够更加微观而超前地考察分析引起先行指标——短期国际资本流动变动的具体因素是哪些。但从读者的角度考虑，本章安排在第 7 章之前，是为了让读者在了解短期国际资本流动作为先行指标之前，能够对其影响因素有一个较为清晰、具体的认识，从而为读者能够较为深入的了解短期国际资本流动打下基础，之后再进入到短期国际资本流动作为先行指标的论证的阅读中。

6.1   短期国际资本流动影响因素评述

国际上对短期国际资本流动的影响因素研究主要分为两大类。一类是"推力"因素，即外部因素，主要包括利率、汇率、全球经济增长、利率的周期性变化、全球性风险、流动性等；另一类是"拉力"因素，即内部因素，主要包括货币和财政政策、市场化改革进程（如贸易和资本市场自由化）、国内通货膨胀环境、国内经济增长、国家财政状况等。

早期的文献研究，如卡尔沃等（Calvo et al.，1993，1996），费尔南德斯－爱拉斯（Fernandez－Arias，1996），以及曲汉等（Chuhan et al.，1998）的研究，都认为在促进资本流动方面，外部因素比内部因素更为重要。当然，卡尔沃等（1996）同时也指出尽管全球性因素更为重要，特别是全球利率的周期性变动，然而 20 世纪 90 年代初期资本大量流入新兴经济体则主要归因于这些国家国内宏观经济的发展，比如良好的国内政策和强势的经济表现等。

在外部因素方面，国际上许多研究文献关注"推动"因素对短期国际资本流动的影响。比如，金融风险（Bacchetta and van Wincoop，2010；Gourio et al.，2010）、流动性或信贷（Giannetti，2007；Brunnermeier，2009；Calvo，2009；Kalemli－Ozcan et al.，2010）或者财富和杠杆化如何跨越国界放大全球冲击的影响（Dedola and Lombardo，2009；Devereux and Yetman，2010）。此外，国内外许多学者研究认为利率（Calvo，Leiderman and Reinhart，1993；Forbes and Warnock，2012；李心丹和钟伟，1998；兰振华，2008）和汇率（Leslie Lipschitz et al.，2002；刘伍仁，2008）是影响一国短期国际资本流动最为重要的外部性因素。

影响短期国际资本流动的另一类外部因素是"传染性"（contagion），主要是指在其他国家或国家集团发生的事件能够通过地区相邻或经济往来密切等方式传染到本国，进而引起本国发生短期国际资本的大幅波动。产生"传染性"的原因和渠道有很多，克莱森斯等（Claessens et al.，2001）和克莱森斯和福勃斯（Claessens and Forbes，2001）对这种原因和渠道进行解释和总结。"传染性"的传播机制主要可以分成三大类，一是通过贸易渠道（包括直接贸易、第三方市场的竞争和出口价格的变化），二是通过金融渠道（包括通过银行贷款和证券投资资产的流动），三是"国家相似性"（如共享的区域位置或相似的经济特性）。格利克和罗斯（Glick and Rose，1999），福勃斯（2002），阿贝辛哈和福勃斯（Abeysinghe and Forbes，2005）等学者关注"传染性"通过贸易渠道传播；而皮克和罗森格林（Peek and Rosengreen，1997），卡明斯基等（Kaminsky et al.，2001），布罗内尔等（Broner et al.，2006）等学者则比较关注"传染性"通过金融联系的渠道传播。范·里杰基根姆和韦德（Van Rijckeghem and Weder，2001），福勃斯（2004）和布兰查德等（Blanchard et al.，2010）评估了这些不同的传播机制在解释金融危机从一个国家传播到另一个国家的相对重要性，不同的研究文献突出不同的传播机制的重要性。

此外，秦和福勃斯（Chinn and Forbes，2004）将全球因素与传染效应相结合，发现了全球因素和传染效应的作用；邓基等（Dungey et al.，2011）则同时考虑国内因素、传染效应和全球因素对于金融危机的解释，并且发现了 3 个渠道各自的作用，尽管全球市场的因素往往大于传染效应。

阿尔布开克等（Albuquerque et al.，2005）认为影响短期国际资本流动的一个重要因素是经济增长，包括全球性经济增长和国内经济增长。许多理论研究也认为由生产冲击所导致的全球经济增长的变化对资本流动有重要影响。阿吉亚尔和戈皮纳特（Aguiar and Gopinath，2007）和布罗内尔等（2010）对于经济周期模型的理论研究和实证分析也表明国内生产力或贸易条件的冲击影响一国的经济增长，进而产生借贷的繁荣和萧条以及相应的资本流动的变化。

在内部因素方面，从国内外研究文献来看，影响短期国际资本流动的内部因素主要有国内通胀水平、国内经济增长、国内金融市场化程度以及国家财政状况等。国内外许多研究成果表明国内通胀水平是影响短期国际资本流动的重要的内部因素（World Bank，1997；Leonard Hemandez et al.，2001；李心丹和钟伟，1998；冯彩，2008）。同时，一国的经济增长水平（Albuquerque et al，2005；Broner et al.，2010；李庆云和田晓霞，2000；贾莲群，2008）和国内的金融市场化程度（Aghion et al.，2004；Forbes 和 Francis E.，2012；兰振华，2008）也会影响其短期国际资本流动。总体而言，一国的经济发展水平越高，金融市场程度越发达，其短期国际资本流动越频繁。此外，国内外许多学者认为一国的财政状况也会影响其短期国际资本流动（Forbes and Warnock，2012；唐珏岚，2006）。上述文献对短期国际资本流动影响因素的分析我们列表比较如表 6 - 1 所示。

表 6 – 1   短期国际资本流动的影响因素列表

类	影响因素	相关文献
外部因素	利率	Calvo, Leiderman and Reinhart（1993，1994，1996）；Renu Kohli（2001）；Eliana Cardos & Ilan Goldfajn（1997）；Agenor（1997）；Montiel（1995）；World Bank（1997）；Kristin J. Forbes & Francis E.（2012）；李心丹和钟伟（1998）；李庆云和田晓霞（2000）；王琦（2006）；王世华和何帆（2007）；刘立达（2007）；冯彩（2008）、刘仁伍（2008）；兰振华（2008）；伍吕光明（2012）
外部因素	汇率	Leslie Lipschitz et al.（2002）；Leonardo Hernandez et al.（2001）；Reisen（1998）；Sveinbjorn Blondal & Hans Christiansen（1999）；李心丹和钟伟（1998）；李庆云和田晓霞（2000）；汪洋（2004）；王琦（2006）；王世华和何帆（2007）；刘立达（2007）；冯彩（2008）；刘仁伍（2008）；兰振华（2008）；吕光明（2012）
	全球经济增长	Albuquerque et al.（2005）；Aguiar and Gopinath（2007）；Broner et al.（2010）；Kristin J. Forbes & Francis E.（2012）；刘立达（2007）
	全球性金融风险	Bacchetta & van Wincoop（2010）；Gourio et al.（2010）；Kristin J. Forbes & Francis E.（2012）；杨胜刚（2003）；唐珏岚（2006）
	流动性或信贷	Giannetti（2007）；Brunnermeier（2009）；Calvo（2009）；Kalemli – Ozcan et al.（2010）
	"传染性"	Claessens et al.（2001）；Claessens and Forbes（2001）；Glick & Rose（1999）；Forbes（2002）；Abeysinghe & Forbes（2005）；Peek & Rosengreen（1997）；Kaminsky et al.（2001）；Van Rijckeghem & Weder（2001）；Forbes（2004）；Chinn & Forbes（2004）；Broner et al.（2006）；Blanchard et al.（2010）；Dungey et al.（2011）
内部因素	国内通胀	World Bank（1997）；Renu Kohli（2001）；Leonard Hemandez et al.（2001）；李心丹和钟伟（1998）、李庆云和田晓霞（2000）；杨海珍和罗永立（2002）；杨胜刚（2003）；汪洋（2004）；唐珏岚（2006）；陈学彬（2007）；冯彩（2008）
	国内经济增长	Albuquerque et al.（2005）；Aguiar and Gopinath（2007）；Broner et al.（2010）；李庆云和田晓霞（2000）；唐珏岚（2006）；陈学彬（2007）；冯彩（2008）；贾莲群（2009）
	金融市场化程度	Aghion et al.（2004）；Calvo et al.（2008）；Edison & Warnock（2008）；Milesi – Ferretti & Tille（2010）；Kristin J. Forbes & Francis E.（2012）；王琦（2006）；贾莲群（2008）；兰振华（2008）
	国家财政状况	Kristin J. Forbes & Francis E.（2012）；李庆云和田晓霞（2000）；杨海珍和罗永立（2002）；杨胜刚（2003）；唐珏岚（2006）
	资产价格	吕光明（2012）

6.2 实证分析方法简介①

这里主要采用向量自回归模型（vector autoregressive model，VAR 模型）对影响因素与短期国际资本流动进行建模分析。主要用到平稳性的检验方法 ADF 检验，因果关系的检验方法 Granger 因果检验法，以及 VAR 模型中的脉冲响应分析与方差分析。由于 ADF 检验与 Granger 因果关系检验在一般的计量经济学教材中都有详细的介绍，因此这里主要对 VAR 模型及脉冲响应函数与方差分析进行简单介绍。

6.2.1 VAR 模型及其评价

VAR 模型最早由西姆斯（Sims）于 1980 年提出，该模型不以经济理论为基础，采用多方程联立的形式，在模型的每一个方程中，内生变量对模型的全部内生变量的滞后值进行回归，进而估计全部内生变量的动态关系。VAR 模型可以表述如下：

$$y_t = A_1 y_{t-1} + \cdots + A_p y_{t-p} + \varepsilon_t (t = 1, 2, \cdots, T) \qquad (6-1)$$

其中 y_t 为 k 维内生变量；A_1，$\cdots$，A_p 为 k×k 维待估计的系数矩阵；$\varepsilon_t \sim$ i. i. d$(0, \sum)$；ε_t 可以同期相关，但通常不与自己的滞后值相关，也不与等式右边的变量相关；p 为滞后阶。通常我们也称式（6-1）为非限制性向量自回归模型（unrestricted VAR）。

VAR 模型通常采用 OLS 法或极大似然法进行估计，但是在估计前需要确定模型的滞后阶 p。如果 p 太小，则误差项的自相关可能会比较严重，并导致参数估计值的非一致性，所以通常会适当加大 p 值，消除误差项中存在的自相关性，但 p 值不宜过大，否则又会导致待估的参数过多，进而直接影响模型参数估计量的有效性，这里给出两种 p 值的选择方法。第一种方法是用 LR 统计量来确定 p 值。构造如下 LR 统计量：

---

① 本节主要参考石刚，"第八章 时间序列分析"，引自潘省初主编《计量经济学中级教程》，清华大学出版社 2009 年版。

$$LR = -2(logL(p) - logL(p+1)) \sim \chi^2_{(k^2)}$$

其中，$log\,L(p)$ 和 $log\,L(p+1)$ 分别是 $VAR(p)$ 和 $VAR(p+1)$ 模型的极大似然估计值。p 表示 VAR 模型中滞后变量的最大滞后期。原假设为最佳滞后期为 p，若 LR 值大，则拒绝原假设。第二种方法是利用 AIC 和 SC 准则来确定 p 值。选择 p 值的原则是在增加 p 值的过程中使 AIC 或 SC 达到最小。

除了 p 值的确定之外，在 VAR 模型估计之后还需要检验 VAR 模型的稳定性。VAR 模型的稳定性是指当把一个脉动冲击施加在 VAR 模型中某一个方程的随机扰动项时，随着时间推移，如果这个冲击会逐渐的消失，那么我们说系统是稳定的，即 VAR 模型是稳定的。VAR 模型稳定的条件是要求改模型用滞后算子表示的表达式中的滞后多项式 A(L) 对应的特征方程 $|I_k - A_1z - A_2z^2 - \cdots - A_pz^p| = 0$ 的特征根都落在单位圆之外，即特征根的倒数（inverted ARMA roots）在单位圆之内。

对于 VAR 模型的理解和特点，我们在这里给出一些简单解释与评价。首先，VAR 模型不以经济理论为依据，在建模过程中只需要把那些相互有关的变量包括进 VAR 模型，同时确定滞后阶 p 即可；其次，VAR 模型对待估参数不施加零约束，即参数估计值不管显著与否，都保留在模型中；再次，VAR 模型的解释变量中不包括任何当期变量，预测是 VAR 模型的重要应用之一；最后，VAR 模型需要估计的参数较多，如 1 个含有 3 个变量，最大滞后期 p = 3 的 VAR 模型，有 $pk^2 = 3 \times 3^2 = 27$ 个参数需要估计，所以当样本容量较小时，会严重影响 VAR 模型参数估计量的精度，这点在实际建模时需要特别引起注意。当然，VAR 模型从其形式上看也存在一些明显的缺点，如在解释变量中没有考虑当期值，也没有考虑其他外生变量。对前一个缺点，有学者提出了结构 VAR 模型（即 SVAR 模型）来解决这一问题，而对于后者，则有学者认为具有单向因果关系的变量应该可以作为外生变量加入到 VAR 模型中。

对于 VAR 模型的解释，由于模型本身的特点使得单个参数估计值的经济解释很难，通常是观察模型系统的脉冲响应函数（impulse response function，IRF）和方差分解（variance decomposition）来对模型进行解释。

6.2.2　脉冲响应函数

脉冲响应函数描述了一个内生变量对误差冲击的反应，具体来说就是当随机误差项发生变化，或者说模型受到某种冲击时，对内生变量的当期值和未来值所带来的影响。这里以 2 个变量 VAR（2）模型为例来分析一下脉冲响应函数的基本思想。2 个变量 VAR（2）模型表述为：

$$x_t = a_1 x_{t-1} + a_2 x_{t-2} + b_1 z_{t-1} + b_2 z_{t-2} + \varepsilon_{1t}$$
$$z_t = c_1 x_{t-1} + c_2 x_{t-2} + d_1 z_{t-1} + d_2 z_{t-2} + \varepsilon_{2t} \quad (t = 1, 2, \cdots, T)$$
（6-2）

假定随机项 $\varepsilon_t = (\varepsilon_{1t}, \varepsilon_{2t})'$ 的 $E(\varepsilon_{it}) = 0 (i = 1, 2)$，$V(\varepsilon_t) = E(\varepsilon_t \varepsilon_t') = \sum$，$E(\varepsilon_{it} \varepsilon_{is}) = 0 (t \neq s)$ 再假定式（6-2）的 VAR（2）模型所反应的系统从第 0 期开始活动，其中假定 $x_{-1} = x_{-2} = z_{-1} = z_{-2}$。第 0 期给定扰动项 $\varepsilon_{10} = 1$，$\varepsilon_{20} = 0$，其后两扰动项均为 0（这种情况称为第 0 期给 x 以脉冲），则：当 $t = 0$ 时，$x_0 = 1$，$z_0 = 0$；当 $t = 1$ 时，$x_1 = a_1$，$z_0 = c_1$；…这样计算下去，求得的结果 x_0，x_1，x_2，…称为由 x 的脉冲引起的 x 的响应函数。同样求得的 z_0，z_1，z_2，…称为由 x 的脉冲引起的 z 的响应函数。

对于脉冲响应函数的理解这里做几点补充说明。第一，脉冲响应函数始终描述的是一个内生变量对误差的反应，也就是在扰动项上加一个标准差大小的冲击对内生变量的当期值和未来值所带来的影响；第二，随机扰动项的变动可以理解为该扰动项所在方程左边变量的变动；第三，脉冲响应函数的解释有时候会比较困难，因为各随机误差项可能相关，在它们相关时，它们会有一个共同的组成部分将不能被任何特定的变量所识别；第四，对每一个误差项，内生变量都对应一个脉冲响应函数，若含 4 个内生变量的 VAR 模型将有 16 个脉冲响应函数。

6.2.3　方差分解

方差分解是通过分析每一个结构冲击对内生变量变化（这种变化用方差来衡量）的贡献程度，进而评价不同结构冲击的重要性。换个角度说，方差分解就是给出对 VAR 模型中的变量产生影响的每个随机扰动的相对重要性的一种方法。

西姆斯于 1980 年给出了方差分解的思路，可以表述为：根据 VAR 模型滞后算子的表达式的变形有：

$$y_t = C(L)\varepsilon_t$$

其中 $C(L) = C_0 + C_1L + C_2L^2 + \cdots + C_hL^h + \cdots (C_0 = I_k)$，$C_h = (c_1^{(h)}, c_2^{(h)}, \cdots, c_i^{(h)}, \cdots, c_k^{(h)})^T$（$h = 1, 2, \cdots, \infty$；$i = 1, 2, \cdots, k$），$c_i^{(h)} = (c_{i1}^{(h)}, c_{i2}^{(h)}, \cdots, c_{ij}^{(h)}, \cdots c_{ik}^{(h)})$（$j = 1, 2, \cdots, k$），所以有：

$$y_{it} = \sum_{j=1}^{k} (c_{ij}^{(0)}\varepsilon_{jt} + c_{ij}^{(1)}\varepsilon_{jt-1} + c_{ij}^{(2)}\varepsilon_{jt-2} + \cdots), (j = 1, \cdots, k)$$

$$(6-3)$$

由于扰动项向量 ε_t 的协方差矩阵是对角阵，进而有：

$$Var(y_{it}) = \sum_{j=1}^{k} (\sum_{h=0}^{\infty} (c_{ij}^{(h)})^2\sigma_{jj}) \qquad (6-4)$$

其中 σ_{jj} 为 ε_t 的协方差矩阵中的对角线上的第 j 个元素。实际上 h 不可能取到无穷大，通常 $c_{ij}^{(h)}$ 会随着 h 值的增大而呈几何级数性的递减，所有只需取有限的 s 项即可，因此可以定义相对贡献率（relative variance contribution，RVC）为第 j 个变量基于冲击的方差对 y_i 的方差的相对贡献程度（即第 j 个变量对第 i 个变量的影响），其表述为：

$$RVC_{j \to i(s)} = \frac{\sum_{h=0}^{s-1} (c_{ij}^{(h)})^2\sigma_{jj}}{Var(y_{it})} = \frac{\sum_{h=0}^{s-1} (c_{ij}^{(h)})^2\sigma_{jj}}{\sum_{j=1}^{k} (\sum_{h=0}^{s-1} (c_{ij}^{(h)})^2\sigma_{jj})} \qquad (6-5)$$

显然 $0 \leqslant RVC_{j \to i(s)} \leqslant 1$，且 $\sum_{j=1}^{k} RVC_{j \to i(s)} = 1$，$RVC_{j \to i(s)}$ 值越大，意味着第 j 个变量对第 i 个变量的影响越大。

6.3 影响因素的实证分析

6.3.1 因素选取与数据说明

结合短期国际资本流动驱动因素的理论研究和相关的实证分析研究，

这里选取利率、汇率、资产价格三大因素作为影响我国短期国际资本流动规模的主要因素，引入 VAR 模型实证分析这三大影响因素对我国短期国际资本流动规模的影响。选择这三个因素的主要原因有以下两点。第一，逐利是资本的本质特征，尤其是对短期资本而言。短期国际资本进行跨境流动的目的主要是获得短期的资本收益，而从以往的理论研究和实证分析结果都表明利率、汇率都是影响短期国际资本跨境流动的重要因素。短期国际资本为了获取套利收益，从利率较低的国家流向利率较高的国家；短期国际资本为了获取套汇收益，从币值被高估的国家流向币值被低估的国家或者流向存在升值预期的国家。第二，自从 2005 年汇改以来，人民币就不断升值，尤其是近几年来，人民币更是持续升值，很可能引致短期国际资本的流入。此外，我国资产价格不断高攀，尤其是房地产价格快速上涨，很可能引致短期国际资本的大规模流入，以获取房价升值所带来的资产收益。

这里所用指标的数据为月度数据，时间段选取 2005 年 7 月 ~2014 年 11 月作为样本时段。对于利率因素，具体选取中美实际利率差（简记为 SZLC）来反映国内外利率差异所带来的资本收益对短期国际资本流动规模的影响，中国的实际利率选取我国 1 年期的存款利率与中国居民消费价格指数（consumer price index，CPI）的同比增长率之差作为代表，而美国的实际利率选取 1 年期的 LIBOR 利率与美国 CPI 的同比增长率。

对于汇率因素，这里选取人民币汇率（简记为 HL）的月度环比收益率与境外 1 年期人民币（人民币不可交割远期市场）汇率（简记为 NDF）的月度环比收益率来反映汇率变动和预期汇率变动所带来的资本收益对我国短期国际资本流动规模的影响。对于资本价格因素，这里选取上证综合指数的月度平均收盘价格的环比收益率（简记为 SZZZ）以及我国 70 个大中城市的房屋销售价格指数的同比增长率（简记为 FJTB）来分别反映由于股市和房价的变动所带来的资本收益对我国短期国际资本流动规模的影响。

6.3.2 平稳性检验与因果检验

对影响因素与短期国际资本流动规模建立 VAR 模型之前，通常需要对变量进行的平稳性检验和因果关系检验。这里的平稳性检验主要采用 ADF

检验法，因果关系检验主要采用 Granger 因果检验法。

首先，利用 ADF 检验对各个变量的平稳性进行检验。对各个变量进行 ADF 检验的结果如表 6 - 2 所示。其中，这里用 SCF 表示我国短期国际资本流动的月度规模、SZLC 表示中美实际利率差、NDF 表示预期汇率的月度环比变动率、HL 表示名义汇率的月度环比变动率、SZZZ 表示上证综合指数月度收盘价格的月度环比变动率、FJTB 表示我国房屋销售价格的同比增长率。

表 6 - 2   模型变量的 ADF 检验结果

变量名称	检验形式	ADF 检验值	P 值
SCF	(NC，NT，1)	- 3.2924	0.0012 ***
SZLC	(NC，NT，0)	- 1.9235	0.0524 *
NDF	(NC，NT，2)	- 3.6889	0.0003 ***
HL	(NC，NT，1)	- 3.5011	0.0006 ***
SZZZ	(NC，NT，0)	- 8.7454	0.0000 ***
FJTB	(C，T，7)	- 3.5453	0.0405 **

注：*** 表示在1%的显著性水平下 P 值显著；** 表示在5%的显著性水平下 P 值显著；* 表示在10%的显著性水平下 P 值显著。检验形式（C，T，K）中 C 表示有截距项（NC 则表示没有截距项），T 表示有趋势项（NT 表示没有趋势项），K 表示 ADF 检验对应模型在 SIC 准则下，最佳滞后期为 K。

从 ADF 的检验结果可以得出：在1%的置信水平下，月度短期资本流动规模 SCF、预期汇率变动率 NDF、名义汇率变动率 HL 和上证综合指数月度收盘价格的变动率都是显著平稳；在5%的置信水平下，我国房价的同比增长率 FJTB 也是显著平稳；在10%的置信水平下，国内外的实际利差 SZLC 也是显著平稳的。因此，纳入 VAR 模型的6个变量基本上都通过了 ADF 检验，表明6个序列都是平稳的时间序列。

其次，对6个变量之间的因果关系进行检验。这里采用 Granger 因果关系检验法对各个变量之间的因果关系进行检验。检验结果如表 6 - 3 所示。从表 6 - 3 中可以看出：在5%的置信水平下，短期国际资本流动规模是预期汇率变动率的 Granger 原因，国内外实际利差是短期国际资本流动规模的 Granger 原因，名义汇率变动率是短期国际资本流动规模的 Granger 原因，短期国际资本流动规模是名义汇率变动率的 Granger 原因，房价变动率是短期国际资本流动规模的 Granger 原因；在 10% 的置信水平下，预期汇率变动率是短期国际资本流动规模的 Granger 原因，上证综合指数变动率是短期国际资本流动规模的 Granger 原因。因此，国内外实际利差、名义汇率和预期汇率的变动、股市和房价的变动都 Granger 引起短期国际资本流动规模的变动，都是短期国际资本流动规模的 Granger 原因。

表 6 – 3　　　　　　　　　模型变量之间的 GRANGER 因果检验结果

原假设	最佳滞后阶数	P 值
NDF do not Granger cause SCF	3	0.0903 *
SCF do not Granger cause NDF	3	0.0408 **
SZZZ do not Granger cause SCF	1	0.0572 *
SCF do not Granger cause SZZZ	1	0.734
SZLC do not Granger cause SCF	1	0.0225 **
SCF do not Granger cause DLC	1	0.3959
HL do not Granger cause SCF	1	0.0306 **
SCF do not Granger cause HL	1	0.0130 **
FJTB do not Granger cause SCF	1	0.0157 **
SCF do not Granger cause FJTB	1	0.9948

注：*** 表示在 1% 的显著性水平下 P 值显著；** 表示在 5% 的显著性水平下 P 值显著；* 表示在 10% 的显著性水平下 P 值显著。

6.3.3　脉冲响应与方差分析

在 VAR 模型构建过程中，模型滞后阶数 P 的选取相当重要。一方面，模型的滞后阶数应该足够大，以反映 VAR 模型的动态变化特征；另一方面，如果模型滞后阶数过大，需要估计的模型参数也越多，模型的自由度也会减少。我们可以借助 EViews 软件，根据多种判断准则，综合选取 VAR 模型的最佳滞后阶数。根据 LR 准则，模型选取的最佳滞后阶数为 6，根据 FPE 准则和 AIC 准则，模型选取的最佳滞后阶数为 3，根据 SC 准则，模型选取的最佳滞后阶数为 1，根据 HQ 准则，模型选取的最佳滞后阶数为 2。各种标准的检验结果如表 6-4 所示。由于，各种判断准则的选取结果不一致，我们选取众位数结果，模型的最佳滞后阶数为 3。进一步地，对滞后阶数为 3 的 VAR 采用滞后结构检验，其 AR 特征多项式的根的倒数均落在单位圆内，表明选取模型的最佳滞后阶数为 3 是合理，所构建的 VAR 模型也是稳定的。

表 6-4　　　　　　　　VAR 模型滞后阶数各个判断准则结果列表

Lag	LogL	LR	FPE	AIC	SC	HQ
0	- 1542. 374	NA	16735433	33. 66030	33. 82476	33. 72668
1	- 1133. 389	755. 7326	5046. 444	25. 55193	26. 70318 *	26. 01659
2	- 1068. 183	111. 9847	2700. 453	24. 91701	27. 05505	25. 77994 *
3	- 1023. 244	71. 31626	2279. 222 *	24. 72269 *	27. 84751	25. 98389
4	- 1003. 828	28. 27985	3428. 799	25. 08321	29. 19482	26. 74269
5	- 985. 0656	24. 88011	5404. 945	25. 45795	30. 55635	27. 51570
6	- 931. 2013	64. 40294 *	4151. 062	25. 06959	31. 15478	27. 52563
7	- 893. 0143	40. 67750	4754. 363	25. 02205	32. 09402	27. 87636
8	- 860. 4586	30. 43248	6658. 955	25. 09693	33. 15569	28. 34951

注：＊表示在该列判断准则下所选定的最佳滞后阶段。

脉冲响应函数分析，一般需要对 VAR 模型各估计方程扰动项的方差 - 协方差矩阵进行正交化处理，以得到对角化矩阵，其中常用的正交化方法是 Cholesky 分解法，但 Cholesky 分解的结果严格依赖于模型中变量的次序，当变量之间的次序不同时，分解的结果也各不相同。为了避免这种因变量次序不同，带来的结果的不稳定性，这里采用库普等（Koop et al.，1996）和佩萨拉等（Pesaran et al.，1996，1998）提出和改进的广义脉冲响应函数（generalized impulse response function，GIRF）法进行正交化处理。VAR 模型的冲击作用期数选为 12，分布给模型各个变量 1 单位的脉冲冲击，我国短期国际资本流动规模（简记为 SCF）的脉冲响应函数如图 6-1 所示。

从图 6-1 中可以看出，第一，当对短期国际资本流动规模（SCF）施加一单位的正向冲击后，其对自身的反应在第一期达到最大值，为292，之后在第二期和第三期迅速降为63、41，并在第四期之后，都降为较小的负值，这表明我国短期国际资本流动对自身的正向冲击具有 3 个月左右的惯性，长期内变化方向不确定、难以预测，这与短期国际资本流动具有波动性大、方向易扭转的特性相符合。

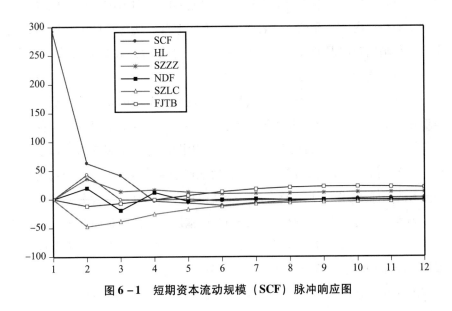

图 6－1　短期资本流动规模（SCF）脉冲响应图

第二，当对人民币预期汇率变动（NDF）施加一单位的正向冲击后，短期国际资本流动规模在第二期达到最大值，为 19，表现为短期国际资本净流入，在第三期为负值 -19，表现为国际资本流动净流出。后面几期的影响逐渐减小并趋于零。这表明，人民币预期汇率升值，在短期内会导致短期国际资本流入我国，但这种正向影响的效果并不明显，这表明国际资本流动对于人民币升值的所持有的态度并不一致。在长期内这种影响将逐渐消除。

第三，当对人民币汇率变动（HL）施加一单位的正向冲击后，短期国际资本流动规模在第二期达到最大值，为 43，表现为短期国际资本净流入，并且在接下来的几个时期内其对冲击的反应逐渐趋于零。短期国际资本流动规模对人民币汇率变动冲击的反应与人民币预期汇率变动冲击的反应基本一致。人民币汇率升值，在短期内会导致短期国际资本流入我国，在长期内这种影响将逐渐消除。这是因为，短期内，由于人民币升值，短期国际资本为了获取套汇收益而大规模流入我国。

第四，当对股票价格变动（SZZZ）施加一单位的正向冲击后，短期国际资本流动表现为持续净流入，并且在第二期达到最大值，为36。尽管长期内，股票价格变动冲击对短期国际资本流入的正向影响会稍微较弱，但这种影响长期内依然存在。这表明股票价格上升，使得短期国际资本大规模流入我国以获取股票价格升值所带来的资本收益，并且股票价格上升，会使得短期国际资本持续流入我国。

第五，当对房地产价格变动（FJTB）施加一单位的正向冲击后，短期国际资本流动除了在第二期和第三期分别为 -12 和 -7 外，其他时期都表现为正值。这表明房地产价格上升，使得短期国际资本大规模流入我国以获取资产价格升值所带来的资本收益，并且房地产价格持续的上升对短期国际资本流入的正向影响在长期依然存在，会使得短期国际资本持续流入我国。

第六，当对国内外实际利差（SZLC）施加一单位的正向冲击后，短期国际资本流动在第一期没有反应，之后，短期国际资本流动都为负值，表现为短期国际资本净流出，并且在第二期达到最大值，为 -47。这与理论上国内外利率差异的上升会导致短期国际资本流入以赚取利率差异的结论相违背。这很可能是由于投机者不理性的投机行为所导致的，其在进行套利交易的时候并没有考虑国内外的通胀差异，即其在进行套利交易的时候考虑的是国内外名义利差，而不是国内外实际利差。

然后，进行方差分解分析。方差分解的目的是评价 VAR 模型中不同结构冲击的重要性，即对 VAR 模型中的各个变量产生影响的每个随机扰动的相对重要性进行分析，以评价每一个结构冲击对内生变量变化（通常用方差来度量）的贡献度。从我国短期国际资本流动规模的方差分解的结果（见表6-5）来看，前几个月内，我国短期国际资本流动规模的变动主要由其自身变化和汇率的变动来解释，其中自身变动约占75%，而汇率变动约占16%，这与短期国际资本流动性强、易扭转、难以预测的自身特征相一致；长期内，我国短期国际资本流动规模的变动，除了受其自身变动的影响外，汇率、资产价格、利率三大因素的变动也会影响我国短期国际资本流动规模的变动，其中自身变动的影响约占65%，而汇率、资产价格、利率三大因素的变动对我国短期国际资本流动规模的变动的影响约占35%。

表6-5 短期资本流动规模（SCF）方差分解结果

时期	自身解释比例SCT（%）	NDF（%）	HL（%）	FJTB（%）	SZZZ（%）	SJLC（%）
1	86.62	5.48	7.78	0.03	0.09	0.00
2	80.96	6.84	7.27	1.88	3.03	0.01
3	75.54	8.23	7.16	1.72	2.66	4.68
4	71.59	10.57	6.92	2.70	3.61	4.61
5	71.13	10.61	6.77	2.68	3.98	4.82
6	70.45	10.37	6.77	3.39	4.26	4.75
7	69.77	10.19	7.17	3.95	4.29	4.64
8	68.92	10.08	7.28	4.78	4.35	4.58
9	67.84	10.10	7.32	5.58	4.63	4.53
10	66.70	10.04	7.30	6.20	5.15	4.54
11	65.79	10.11	7.24	6.63	5.63	4.68
12	65.03	9.97	7.17	6.89	6.13	4.79

注：因计算中四舍五入，表中每行比例之和可能不为100%。

在这三大影响因素中，汇率因素对短期国际资本流动规模的变动的影响最大，其中预期汇率变动率的变动对短期国际资本流动规模的变动的影响约占10%，名义汇率变动率的变动对短期国际资本流动规模的变动的影响约占7.2%；资产价格的变动对短期国际资本流动规模的变动的影响次之，房价和股市价格的变动对短期国际资本流动规模的变动的影响分别约占6.9%和6.1%；国内外实际利差对短期国际资本流动规模的变动的影响最小，约占4.8%。

总的来看，利率、汇率、资产价格三大驱动因素对我国短期国际资本流动规模的变动的影响约占35%。在利率、汇率、资产价格三大驱动因素中，汇率和资产价格的变动对短期国际资本流动规模的变动的影响比较大，短期国际资本流入我国主要是为了获取人民币汇率升值所带来的套汇收益以及资产价格上涨所带来的套价收益，而国内外实际利率差异变动对短期国际资本流动规模的变动相对比较小。

第 7 章
短期国际资本流动应用研究之一
——先行性分析①

本章安排共计分为 4 小节。其中第 1 节文献回顾主要对先行指标的筛选方法及其应用进行一个文献梳理，为后面的实证分析中的方法选择提供一个基础。第 2 节则对先行指标的分析方法进行介绍和比较。第 3 节对参照指标的选取以及数据的预处理进行分析与说明。第 4 节则是在第 2 节和第 3 节的基础上，进行短期国际资本流动作为先行指标的实证分析，同时对实证结果进行判断、归纳和总结，并最后给出结论。

7.1 文献回顾

7.1.1 经济景气分析法与经济先行指标研究发展历程②

经济景气并没有明确的定义，但这一概念主要来自于宏观经济周期分析中的繁荣与衰退的相对定义。如果经济生产快速增长、商业繁荣、失业减少、收入增加，经济处于繁荣阶段，则我们通常说经济景气；相对的如果经济增长缓慢、商业萎缩、失业率上升、收入减少，则我们通常可以说

① 本章主要参考 Shi, J. . (2018) Remeasurement of short-term international capital flows and its application：Evidence from China. *Singapore Economic Review*. DOI：10. 1142/S0217590818500157.
② 本部分主要参考郑京平等：《中国宏观经济景气监测指数体系研究》，中国统计出版社 2013 年版。

经济不景气。经济景气分析法主要是用来分析、预警和预测经济的景气状态的一类方法，主要包括合成指数法、扩散指数法和信号预警法。经济先行指标的研究发展历程与经济景气分析法的研究发展历程密切相关。

经济景气分析的方法最早可以追溯到 19 世纪末期。1888 年在巴黎的经济学大会上，最早出现以不同颜色作为经济状态评价的文章。此后在 20 世纪初得到初步发展，1903 年英国政府内部出现了用来描述宏观经济状态的"国家波动图"；1909 年，美国巴布森统计公司发布了美国宏观经济状态的第一个"经济活动指数"；1911 年，专门从事经济监测的美国布鲁克迈尔经济研究所开始编制一般商品市场、股市等方面的景气指标；同年，法国也开始编制法国的各类景气指数。产生较大影响的是 1917 年哈佛大学伯恩斯领导的研究小组编制的"哈佛指数"（即美国一般商情指数），该指数从 1919 年起在《经济统计评论》上定期发布，较好地反映了 20 世纪美国 4 次经济波动。需要注意的是，在"哈佛指数"编制过程中就引入了时差相关分析法来判断指标之间的时滞关系，该指数将 13 项经济指标数据根据时间差异关系分别编制了投机指数、生产量及物价指数和金融指数三类。

在"哈佛指数"出现之后，景气分析法得到了一定的发展。1920 年，英国的伦敦大学、剑桥大学、中央经济情报会议和英国失业联合会等组织联合成立"伦敦与剑桥经济研究所"，该研究所与哈佛大学合作，编制"英国商业循环指数"用来反映英国的经济景气状况。1922 年，瑞典经济统计学家借鉴"哈佛指数"的编制方法，编制出"瑞典商情指数"发表于《瑞典经济评论》。1926 年德国景气研究所编制并发布"德国一般商情指数"。此外，法国、意大利、奥地利、比利时、波兰和日本等国家也都相继开展了景气分析的研究。需要说明的是，这一阶段景气分析法的发展主要以"哈佛指数"为模板，各个发达国家进行了拓展应用研究，时差相关分析法虽然用来判断指标之间的时滞关系，但还没有正式出现"先行指标"的概念。

"先行指标"的概念最早由美国经济研究局（Nation Bureall of Economic Research，NBER）的研究人员米切尔和伯恩斯（Mitchell and Burns，1938）提出，用来识别那些在经济发生衰退之前就已经进入衰退的部门

（sector）。1937 年 NBER 的米切尔和伯恩斯带领团队，利用时差相关分析法详细研究了美国近 500 项经济指标，选择了 21 项指标构成超前指数，以解决美国财政部对 NBER 提出的"利用经济指标来判断衰退何时结束"研究要求。他们还系统详尽地研究了一系列涉及景气分析方法的问题，如循环波动的分离、趋势调整、平滑技术等，并指出经济波动是在宏观经济各部门间逐渐"扩散"的过程。二战后，NBER 的穆尔（Moore）带领研究团队对 20 世纪 30 年代米切尔和伯恩斯提出的景气监测指标体系进行了修订，拓展出先行、同步、滞后三大类指标体系，并提出了以上升指标占总指标数份额的方法构建扩散指数（diffusion index，DI），每隔 5 年左右修订一次指标体系。Moore 用先行指数预报可能出现的景气转折点，用同步指数评价经济现行状态和发展水平，用滞后指数验证周期的完整性。随着先行指标、滞后指标、同步指标概念的相继提出和应用，时差相关分析法用于判断指标的时滞关系的应用也逐渐趋于成熟。

1961 年穆尔和希斯金（Moore and Shiskin）基于个别指标振幅的标准化提出了合成指数（composite index，CI），该指数本质上是一种多指标加权平均法，在计算中多次使用标准化、求对称变化率、差分和趋势调整等技术，使 CI 对经济波动的刻画更为科学。CI 的出现标志着景气分析方法的成熟。1979 年，NBER 与美国哥伦比亚大学国际经济循环研究中心（Center for International Business Cycle Research，CIBCR）合作，建立了以美国、加拿大、法国、英国、联邦德国、意大利、日本七个发达国家为基础的"国际经济指标系统"（international economic indicator system，IEI），用以监测主要发达国家的景气变动情况。同年，欧洲经济共同体（European Economic Community，EEC）也对其成员国的景气分析与景气调查进行了统一部署，开始了其成员国的景气状况监测系统的研究，并于 20 世纪 80 年代开始投入运行；日本则组织了南亚和东亚部分国家参加景气分析项目的研究，到 20 世纪 80 年代中期，印度尼西亚、马来西亚、菲律宾、泰国、韩国、印度、新加坡以及中国台湾、中国香港等国家和地区，都将景气预警分析作为其宏观经济管理决策支持的基础。

20 世纪 90 年代，为使景气监测结果更具超前性，NBER 和 CIBCR 等机构着手开始研究长先行指标（long leading indicators），将原来先行指数半年左右的超前期扩展至一年及一年以上，以便于政府和企业更早地为将要发生的周期波动作出反应，使反周期波动的政策抑制作用进一步增强。目前，主要发达国家和地区都已经建立了相对完备的宏观经济景气分析系统，相关的技术也日益成熟和完备，其中时差相关分析法和 K - L 信息量法成为景气分析中判断指标之间时滞关系的主要方法。

中国最早进行景气分析研究在 20 世纪 80 年代中期，由吉林大学的系统工程研究所主导进行。随后，一些政府机构，如原国家计委、原国家经委、中国人民银行、财政部、国家统计局、国家信息中心等纷纷开始中国宏观经济景气分析系统的研究和开发。1990 年，国家统计局建立的景气分析系统经过多方试算与论证后正式运行，每月对国民经济运行状况进行监测与预测并在此基础上撰写分析报告。1997 年，国家统计局成立中国经济景气监测中心，专门负责宏观经济景气分析的研究、应用和推广；同时每月公布景气分析的各项指标数据。2004 年北京市统计局开发研制北京市宏观经济景气分析系统；2006 年中国人民银行上海总部开发研制上海市宏观经济景气分析系统；其他各省市的宏观经济景气分析工作也得到了快速的发展和提高。总体来看，中国的景气分析工作主要在借鉴国外成熟的技术（包括 CI 编制技术、DI 编制技术、季节调整技术等）的基础上，结合中国的相关指标和数据来展开，并对外公布相关景气指标数据，这为中国宏观政策制定和企业的市场决策提供了支持。

7.1.2 时滞关系判断方法文献回顾

一般进行先行指标筛选和判断时，首先需要确定一个参考指标（也称为基准指标）。如果是筛选宏观经济的先行指标，则参考指标通常选为GDP。OECD 的研究（Nilsson and Guidetti，2007；Fulop and Gyomai，2012）表明，在现实的应用中一般选择工业生产总值（或工业增加值）而不是 GDP 作为参考指标，因为工业生产总值容易得到月度数据，而 GDP通常只能获得季度数据，并且工业生产总值与 GDP 二者的循环周期非常接近。工业生产总值已近成为这类研究中的一个被普遍认可的基础参考指标（Fichtner et al.，2011）。

　　一般来说，分析两个指标的先行滞后关系的方法通常有三种。第一种方法是时差相关分析法。该方法是一种比较传统而流行的方法，除了前面介绍的各种景气分析中使用该方法之外，最近许多研究者（Gallegati，2014；He et al.，2013；Fichtner et al.，2011；Rua and Nunes，2005）也都用到了该方法。该方法在时滞关系判断中得到广泛应用的主要原因是，时差相关分析法简单并且所得的滞后或领先的判断结果都是整数。

　　第二种时滞关系的判断方法是库尔贝克－莱布勒（Kullback－Leibler，K－L）信息量法。K－L信息量的定义最早由库尔贝克和莱布勒（1951）给出，后来也逐渐被应用到经济景气分析中用来判断指标间的时滞关系，比如日本学者秦等（Qing et al.，1980）、国内学者董文泉等（1998）、石刚等（2004，2006）分别用K－L信息量法来判断经济指标的领先/滞后关系。该方法的缺点的是所有样本数值都必须是正值。显然，当我们使用经济序列的增长率序列来进行分析时会经常遇到负值，所以该方法的使用有一定局限。

　　第三种时滞关系的判断方法是频域分析法（frequency domain analysis method）。该方法通过逐个频率的比较来分析变量之间的协同运动。有学者认为该方法有两个方面的缺点：一方面是应用该方法时存在谱以及交叉谱的估计问题；另一方面是该方法得到的滞后期或先行期是非整数（Rua and Nunes，2005）。

　　除了上述三种方法之外，还有一种基于景气分析中的基准日期来进行时滞关系判断的方法——马场法，该方法由日本学者马场正雄提出。由于该方法需要结合景气分析来进行判断，因此其应用范围相对较窄。

　　总的来说，上述方法中时差相关分析法简单而适用；第二种方法K－L信息量法如果能够保证数据都为正值或能够将其转换为正值的情况下，也是一个较好的选择；第三种方法频域分析法虽然能够提高先行/滞后期判断的精确度，但由于该方法使用较为复杂并且得到的先行/滞后期不能取整数，因此使得其使用较为局限。马场法由于要结合景气分析法来进行，因此其应用也较为局限。基于此，这里我们分析短期国际资本流动与代表性的宏观经济指标之间的先行/滞后关系时，采用时差相关分析法和K－L信息量法。

7.2　先行指标分析方法

7.2.1　时差相关分析法

时差相关分析是利用相关系数验证经济时间序列先行、一致、滞后关系的一种常用方法。在使用该方法之前，通常需要选定一个基准指标（如果是筛选宏观经济的先行指标，则基准指标通常是一个重要的、能够敏感地反映当前经济活动的指标，如工业增加值等）。在选定基准指标之后，规定基准指标不动，而另一些指标在时间上相对于基准指标前后移动若干个月，计算基准指标与这些移动后序列的相关系数。从而根据时差相关系数的大小，选出先于基准指标活动的先行指标、与基准指标活动大体一致的一致指标和较迟变动的滞后指标。以基准指标为参照，然后使被选指标超前或滞后若干期，计算它们的相关系数。最大的相关系数对应的移动月数就是该指标的延迟月数。

设 $y = \{y_1, y_2, \cdots, y_n\}$ 为基准指标，$x = \{x_1, x_2, \cdots, x_m\}$ 为备选指标，r 为时差相关系数，则有：

$$r_l = \frac{\sum_{t=1}^{n_l} (x_{t-1} - \bar{x})(y_t - \bar{y})}{\sqrt{\sum_{t=1}^{n_l} (x_{t-1} - \bar{x})^2 \sum_{t=1}^{n_l} (y_t - \bar{y})^2}}, \text{ 其中 } l = 0, \pm 1, \pm 2, \cdots, \pm L$$

$$(7-1)$$

其中，l 表示超前、滞后期，l 取负值时表示超前，取正数时表示滞后，l 被称为时差或延迟数。L 是最大延迟数，n_l 是数据取齐后的数据个数。在选择景气指标时，一般计算若干个不同延迟数的时差相关系数，然后进行比较，其中最大的时差相关系数：

$$r_{l'} = \max_{-L \leqslant l \leqslant L} r_l$$

被认为反映了被选指标与基准指标的时差相关关系，相应的延迟 l' 表示超前或滞后期，一般来讲，最大的时差相关系数最好大于 0.5，说明时滞性比较明显，否则说明入选的指标的时滞意义不强。

计算时差相关系数时必须注意的是，如果两个变量都具有很强的趋势时，所有延迟数的时差相关系数都会很高，数据的超前滞后关系就不明显。这种情况下，适当地进行变量变换，消除两个变量的各自趋势，超前滞后关系就变得明显了。

7.2.2 K-L信息量法

1. K-L信息量的基本性质

对于偶然的带有随机性质的现象，通常可以认为是服从某一概率分布的随机变量的一些值。如果已知（或假设）真正的概率分布，从而估价模型的好坏，就需要一个度量，这就是 K-L 信息量。设（基准）随机变量的概率分布列为 $p = \{p_1, p_2, \cdots, p_m\}$，其中 p_i 为时间 ω_i 发生的概率，限定 $p_i > 0$，$\sum_{i=1}^{m} p_i = 1$。

设（评价的）随机变量的概率分布为 $q = \{q_1, q_2, \cdots, q_m\}$，其中 q_i 为事件发生的概率，则定义期望：

$$I(p, q) = \sum_{i=1}^{m} p_i \ln \frac{p_i}{q_i} \qquad (7-2)$$

为分布列 q 关于分布列 p 的 K-L 信息量。

K-L 信息量有下列性质：设 p，q 是满足 $p_i > 0$，$q_i > 0 (i = 1, 2, \cdots, m)$ 和 $\sum_{i=1}^{m} p_i = \sum_{i=1}^{m} q_i = 1$ 的概率分组，上述定义的 $I(p, q)$ 满足：

$$I(p, q) \geqslant 0$$

$$I(p, q) = 0 \Leftrightarrow p_i = q_i$$

K-L 信息量加负号称为负熵，在许多领域都有应用。当使用 K-L 信息量 $I(p, q)$ 测定接近程度时，值愈小则分布列 q 与分布列 p 愈接近。连续性分布也有类似的结果。设 g(x) 是随机变量 Y 的密度函数，f(x) 是随机变量 X 的密度函数，则 X 关于 Y 的 K – L 信息量定义为：

$$I(g, f) = \int_{-\infty}^{+\infty} \ln(g(x)/f(x)) g(x) dx$$

类似地有以下性质：$I(g, f) \geqslant 0$；$I(g, f) = 0 \Leftrightarrow g = f$。

2. K – L 信息量的实际计算

将 K – L 信息量用于分析经济指标的先行/滞后关系时，需要选择一个基准指标，设基准指标为 $y = \{y_1, y_2, \cdots, y_n\}$。由于任意满足 $p_i > 0$，$\sum p_i = 1$ 的序列 p 均可视为某随机变量的概率分布列。因此，对基准指标做标准化处理，使得指标的和为单位 1，处理后的序列记为 p，则：

$$p_t = y_t / (\sum_{j=1}^{n} y_j), \ t = 1, 2, \cdots, n \ （其中假设 y_t > 0）$$

设被选择的指标 $x = \{x_1, x_2, \cdots, x_m\}$，也做标准化处理，处理后的序列记为 q，则：

$$q_t = x_t / (\sum_{j=1}^{n} x_j), \ t = 1, 2, \cdots, n \ （其中假设 x_t > 0）$$

由 (7 – 2) 式，K – L 信息量可由下式计算：

$$k_l = \sum_{t=1}^{n_l} p_t \ln(p_t / q_{t+l}), \ l = 0, \pm 1, \cdots, \pm L$$

式中 l 表示超前或滞后期，l 取负数时表示超前，取正数时表示滞后，l 被称为时差或延迟数。L 是最大延迟数，当计算出 2L + 1 个 K – L 信息量后，从这 k_l 值中选出一个最小值 $k_{l'}$ 作为被选指标 x 关于基准指标 y 的 K – L 信息量，即：

$$k_{l'} = \min_{-L \leqslant l \leqslant L} k_l$$

其相对应的延迟数 l′ 就是被选指标最适当的超前或滞后月数（季度）。K – L 信息量越小，越接近于 0，说明指标 x 与基准指标 y 越接近。为了方便起见，把计算出的 K – L 信息量扩大了 10000 倍。一般地扩大后的 K – L 信息量在 50 以下，就可以考虑初步选上。

7.3 指标与数据选取

7.3.1 基础指标选取

根据中国经济景气分析的相关研究，这里选取与中国宏观经济关系密切的四个指标为代表性基础指标，分别为工业增加值、社会零售总额、发电量以及采购经理人指数（PMI）。通过分析短期国际资本流动与该4个指标之间的时滞关系，进而判断短期国际资本流动是否为宏观经济的先行指标。

工业增加值所反映的是工业生产活动的最终成果，不包括原材料等一次性转移到产品中的价值量和付给各部门的劳务支出，是工业企业生产过程中新增加的价值量，与其他部门没有重复计算；工业增加值总量计算的基础来自于工业总产值，是工业总产值与工业中间投入的差额价值。因此，相对工业总产值来说，工业增加值能更好地反映宏观经济的变动情况。工业增加值通常是宏观经济的同步指标。

社会零售总额的全称是社会消费品零售总额，是指批发零售业、住宿餐饮业以及其他行业直接销售给城乡居民和社会集团的消费品零售额；其中，对居民的消费品零售额是指销售给城乡居民用于生活消费的商品金额；对社会集团的消费品零售额，是指销售给机关、社会团体、部队、学校、企事业单位、居委会或村委会等公款购买的用作非生产、非经营使用与公共消费的商品金额。社会零售总额是表现一国国内消费需求最为直接的数据，因此，该指标一般是宏观经济的同步指标。

发电量一般是指特定时期内、特定区域内所有电力生产部门（包括火电、水电、核电、太阳能发电、风电、潮汐发电等）生产出的所有电量总和。发电量既包括发电厂的自用电量，也包括新增发电设备未投产前所发电量以及发电设备大修或改造后试运转期间的发电量，更包括电力生产部门生产出来提供给居民和企业及政府所使用的电量。在具体统计上，凡是被发电部门或用户利用的电量，均应统计在发电量中；未被利用而在水中放掉的则不计入；通常按照发电机组的电度表本期与上期指示数的差额来计算，电度表指示数以期末一天的 24 时为准。由于发电量数据相对真实，在统计上难以虚报、漏报，容易核实，因此该指标受到政府部门的重视。一般来说，发电量会略微领先或同步于宏观经济。

采购经理人指数[①]（PMI）起源于美国，目前全球已经有 20 多个国家建立了 PMI。PMI 是一个综合指数，按照国际通行的方法，由 5 个扩散指数加权而成。这 5 个指数是依据其对经济的先行影响程度而定的，各指数的权重通常是：新订单 30%，生产 25%，就业 20%，供应商配送 15%，原材料库存 10%。PMI 的数据来源于对企业采购经理的直接调查，不再进行人为的修订，从而保证了数据的直接性、准确性与可靠性。根据美国专家的研究，美国制造业 PMI 指数领先于经济高点通常为 8 ~ 15.9 个月，领先于经济谷底 1 ~ 8.7 个月。PMI 中的指标如生产、新订单、库存、供应商配送、就业等均显示了在经济周期中的先导作用。PMI 与 GDP 的相关系数很高，美国 PMI 与 GDP 季度百分比变化的相关系数在 1994 ~ 1997 年达到 0.91。正因为如此，PMI 指数才受到各国政府、企业、投资机构与金融机构的强烈关注，成为各国经济变化的晴雨表。PMI 对于企业微观经营的作用也是显而易见的。企业通过对各月 PMI 数据的比较，分析市场的变化趋势，以及市场预期的差异，来决定企业的采购活动，调整生产计划、投资计划。这已经成为各国的企业、投资机构和金融机构普遍采用的手段。中国从 2005 年开始发布 PMI，PMI 的调查方法、统计方法和发布方式都与国际接轨，其组织实施由行业协会来完成，能够较为客观真实地反映经济运行的变化趋势，数据在全球范围内可比。显然，中国的 PMI 是中国宏观经济的一个先行指标。需要注意的是，这里所用的 PMI 是制造业的 PMI。

7.3.2 数据预处理

通常，在利用时差相关分析法和 K – L 信息量法进行指标的先行/滞后

---

① 关于 PMI 更多的介绍和分析，请参考刘姝威、石刚：《中国存货指数研究》，经济科学出版社 2008 年版。

关系分析时，需要对原始数据进行一系列的数据预处理。这里所用的四个参考指标工业增加值、发电量和社会零售总额、PMI 的原始数据均来自国家统计局官方网站。其中前 3 个指标的原始数据可获得从 1999 年 1 月～2014 年 11 月的月度数值，PMI 可获得 2005 年 1 月～2014 年 11 月的数值。短期国际资本流动月度规模的数据来自第 4 章的测算结果。

首先，在进行分析前，剔除工业增加值和社会零售总额的价格因素影响。其中工业增加值用生产者价格指数（producer price index，PPI）来剔除其价格因素影响；社会零售总额用消费者物价指数（CPI）来剔除其价格影响。需要注意的是，由于所获得的 PPI 和 CPI 是环比价格指数，而工业增加值和社会零售总额的数值所包含的价格因素都是各个时点的当期价格，因此在进行剔除之前，需要对 PPI 和 CPI 转换成固定基期的价格指数，这里选定 1999 年 1 月为基期来进行转换。

其次，在剔除上述变量的价格因素之后，为了避免异常值对分析结果的影响，通常需要剔除掉变量的异常值。异常值的界定标准有不同的方法，这里采用标准差的方法来剔除异常值，特别的，这里选定变量的相关时段的均值加减三个标准作为判断区间，超出此区间的值将被视为异常值给予剔除，剔除掉的值可以用插补的方法来进行替代。

再次，由于在使用 K－L 信息量法时需要所有变量的数值都是正数，而这里的月度短期国际资本流动规模的数值有正数（表示短期国际资本的净流入），也有负数（表示短期国际资本的净流出），因此为了后面分析的方便，这里将月度短期国际资本流动规模的整个时间序列向上平移 1000 亿美元，从而使得所有数值为正。该处理方法虽然改变了每个时点上的数值，但并不影响短期国际资本流动的整个序列的形态，从而不会影响到时滞关系的分析结果。

最后，在完成上述各个过程之后，进一步对所有变量采用 X－12－ARIMA 法来进行季节调整，剔除各个变量的季节因素和不规则因素，保留其趋势因素和循环因素，这样在利用时差相关分析法和 K－L 信息量法来判断变量之间的时滞关系时能够得到更为准确的结果。需要注意的是，X－12－ARIMA 法并不是唯一可用的季节调整方法，欧洲统计中心（Eurostat）

推出的 Demetra 软件中的 TRAMO/SEATS[①] 法也是一种较为流行的季节调整方法，研究者可以根据自己的需要来进行选择。

7.4　短期国际资本流动作为先行指标的判断分析

对于工业增加值、发电量和社会零售总额 3 个指标的 TC（趋势循环）序列如图 7 – 1 所示。从图中可以看出，3 个序列的整体走势基本相似。中国制造业 PMI 与中国短期国际资本流动的 TC 序列如图 7 – 2 所示。从图中可以看出，两个序列的变化趋势基本保持了时间的一致性。

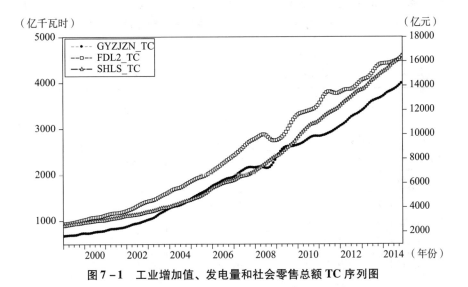

图 7 – 1　工业增加值、发电量和社会零售总额 TC 序列图

下面分别用时差相关分析法和 K – L 信息量法来判断各个变量对短期国际资本流动规模的时滞关系。这里使用 EViews 软件来进行时差相关分析，用 R 软件编程计算相关指标的 K – L 信息量，相关的程序代码见本章附录。相关分析结果如表 7 – 1 所示。

---

① 对于 X – 12 – ARIMA 季节调整法与 TRAMO/SEATS 季节调整法的比较可以参考石刚等：《季节调整中的移动假日调整方法研究》，中国统计出版社 2014 年版。

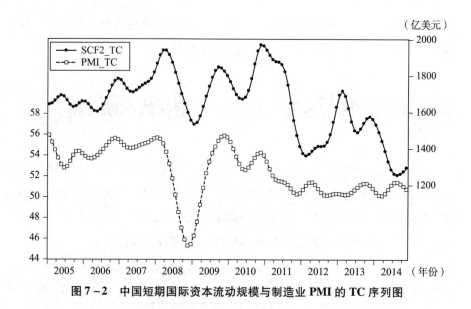

图 7 – 2　中国短期国际资本流动规模与制造业 PMI 的 TC 序列图

表 7 – 1　　　　　　　　短期国际资本流动的先行/滞后分析结果

指标组	最佳时滞数 （K – L 判断结果）	时差相关系数	K – L 信息量
发电量→工业增加值	0 （ – 3）	0.9953	11
发电量→社会零售总额	0 （ – 2）	0.9754	21
工业增加值→社会零售总额	0 （ – 1）	0.99	7
短期国际资本流动→发电量	– 6 （ – 12）	0.41	35
短期国际资本流动→工业增加值	– 12 （ – 12）	0.38	1269 *
短期国际资本流动→社会零售总额	– 12 （ – 12）	0.34	1059 *
短期国际资本流动→制造业 PMI	– 3 （ +2）	0.63	23

注：（1）第二栏中负值意味着先行，正值意味着滞后；括号中的数值为 K – L 信息量法判断的结果，括号外的数值是时差相关系数判断的结果。（2）第二栏中如果负值小于 – 3，则所分析指标与参考指标之间的关系是先行关系；如果正值大于 +3，则所分析指标与参考指标之间的关系是滞后关系；如果数值落在区间 [– 3， +3] 上，则两个指标的关系被认为是同步关系。（3）如果 K – L 信息量的值小于或等于 50，则认为其对应的判断结果有效。（4）第四栏的星号表示该数值超过 50。

从表 7 – 1 中可以看出，发电量与工业增加值的时差相关系数是 0.9953，K – L 信息量为 11，两个数值均有效，而且两种方法判断的最佳时滞数值落在区间 [– 3， +3] 之间，因此可以判断发电量与工业增加值为同步指标。如果单从 K – L 信息量的判断结果来看，发电量领先工业增加值 3 个月。发电量与社会零售总额的时差相关系数是 0.9754，K－L 信息量为 21，两个数值均有效，而且两种方法判断的最佳时滞数值落在区间 [－3，＋3] 之间，因此可以判断发电量与社会零售总额为同步指标。如果单从 K－L 信息量的判断结果来看，发电量领先社会零售总额 2 个月。工业增加值与社会零售总额的时差相关系数是 0.99，K－L 信息量为 7，两个数值均有效，而且两种方法判断的最佳时滞数值落在区间 [－3，＋3] 之间，因此可以判断工业增加值与社会零售总额为同步指标。如果单从 K－L 信息量的判断结果来看，工业增加值领先社会零售总额 1 个月。从上面的分析可以看出，发电量、工业增加值与社会零售总额 3 个指标虽然存在一定的时滞，但基本上在 3 个月之内，因此可以认为 3 个指标均为宏观经济的同步指标。

再来分析短期国际资本流动上述 3 个指标的关系。短期国际资本流动与发电量的时差相关系数是 0.41，虽然相关性不强，但从时差相关分析的结果来看，短期国际资本流动领先发电量 6 个月；K－L 的信息量为 35，该值有效，因此从 K－L 信息量的分析结果来看，短期国际资本流动领先发电量 12 个月。所以可以认为短期国际资本流动是发电量的先行指标。短期国际资本流动与工业增加值的时差相关系数是 0.38，虽然相关性不强，但从时差相关分析的结果来看，短期国际资本流动领先工业增加值 12 个月；K－L 的信息量为 1269，该值过大，分析结果的可信程度有限，但从 K－L 信息量的分析结果来看，短期国际资本流动领先工业增加值 12 个月。所以可以认为短期国际资本流动是工业增加值的先行指标。短期国际资本流动与社会零售总额的时差相关系数是 0.34，虽然相关性不强，但从时差相关分析的结果来看，短期国际资本流动领先社会零售总额 12 个月；K－L 的信息量为 1059，该值过大，分析结果的可信程度有限，但从 K－L 信息量的分析结果来看，短期国际资本流动领先社会零售总额 12 个月。所以可以认为短期国际资本流动是社会零售总额的先行指标，但该结论的可信程度有限。总的来看，短期国际资本流动是上述 3 个与宏观经济同步的一致指标的先行指标，领先时间大致在 12 个月。

最后来分析短期国际资本流动与制造业 PMI 的关系。短期国际资本流动与制造业 PMI 的时差相关系数是 0.63，K－L 信息量为 23，两个数值均有效，而且两种方法判断的最佳时滞数值落在区间 ［-3, +3］ 之间，因此可以判断短期国际资本流动与制造业 PMI 为同步指标。

综上所述，各项指标数据的时差相关分析和 K-L 信息量分析的实证结果表明，工业增加值、发电量和社会零售总额三者是宏观经济的同步指标，反映了我国整体宏观经济运行的趋势，其中发电量稍微领先于社会零售总额和工业增加值 2~3 个月。短期国际资本流动与中国制造业 PMI 是同步指标的关系，二者相关系数为 0.63。同时短期国际资本流动是上述 3 个同步指标的先行指标，领先约为 12 个月，这与美国制造业 PMI 领先经济高点 8~15 个月的结论基本一致。因此，中国短期资本流动规模与制造业 PMI 一样，可以视为监测中国宏观经济运行趋势的晴雨表，对中国宏观经济活动进行监测和预测起到重要作用。

附录

R 中求 K-L 信息量程序：

```
gyzjzpmi = read. csv ( " G:/GYZJZPMI. csv" , header = F, col. names = c ( " period" ," gyzjz" ," pmi" ," p" ," q" ) )
p < - subset( gyzjzpmi, select = p)
q < - subset( gyzjzpmi, select = q)
n = 106
bl = 0 : n
m = 1 : 25
for( l in 0 : 12)
{
    for( i in 2 : ( n + 1 - l ) )
    { bl[ i ] = bl[ i - 1] + p[ i - 1,1] * log( p[ i - 1,1]/q[ i - 1 + l,1] ) }
    m[ l + 1] = bl[ n + 1 - l]
}
for( l in 1 : 12)
    {
```

```
        for( i in 2 : ( n + 1 − l ) )
            { bl[ i ] = bl[ i − 1 ] + p[ i − 1 + l,1 ] * log( p[ i − 1 + l,1 ]/q[ i − 1,1 ] ) }
        m[ l + 13 ] = bl[ n + 1 − l ]

    }
min = 1
for( i in 1 : 25 ) { if( m[ i ] < min ) min = m[ i ] }
m
Min
```

第 8 章

短期国际资本流动应用研究之二

——预测分析

本章是可以看成是第 7 章的延续，即在分析了短期国际资本流动能够充当经济的先行指标之后，通过对短期国际资本流动进行预测分析，进而实现对经济进行提前预判的作用。本章共计分为 4 节，具体安排如下：第 1 节为引言部分，主要介绍了短期国际资本流动存在的风险，现有对短期国际资本流动的预警研究概述，以及预警与预测的联系与区别。第 2 节为所选预测模型介绍，主要对选择的 4 种机器学习模型进行简单介绍与比较分析。第 3 节为短期国际资本流动的预测分析，主要结合第 7 章中的同步指标，对短期国际资本流动进行模型预测分析，进而实现对宏观经济的预判。第 4 节为评价与展望，主要对本章研究中的优点和缺点进行评价，同时对未来的研究给出三个展望。

8.1 引言——从风险到预测

8.1.1 短期国际资本流动的风险及其潜在影响

国际资本流动大进大出、超量汇聚与突然逆转，都蕴藏着极大的风险（杨海珍，2011）。短期国际资本流动更是如此。一般来说，短期国际资本流动的风险主要表现为两个方面，即债务风险、资本骤停风险。

这里的债务风险一般是指主权国家应为借入外债后到期无法偿还而产

生的违约风险。对于发展中国家而言，一般存在切纳里和斯特劳特（Chenery and Strout，1966）所提出的"双缺口"问题，即"投资—储蓄缺口"和"外汇缺口"。显然，借入外债对于主权国家而言，能够很好地缩小甚至填补这两个缺口，有助于本国经济的发展。与此同时，过大的外债规模由于容易受金融市场汇率、利率等因素的影响，而容易产生债务风险。1981 年发展中国家的外债总额累计达 5550 亿美元，1985 年底该值上升到 8000 亿美元，而到 1986 年底该值更是快速上升到 10350 亿美元，其中拉丁美洲地区所占比重最大，约为发展中国家全部债务的 1/3，其次为非洲，尤其是撒哈拉以南的地区[①]。总的来说，20 世纪 80 年代受债务困扰最为严重的国家如巴西、墨西哥、阿根廷、委内瑞拉、智利、印度等，一般都存在着如私人银行贷款增长较快、短期贷款比重增加以及贷款利率浮动多于固定等特点。在由美国次贷危机引发的 2008 年全球金融危机中，新兴市场的债务危机风险再次出现，2008 年 10 月初冰岛爆发了主权债务危机，随之韩国、俄罗斯等国家也出现了还贷困难。一般来说，衡量债务风险的指标有负债率（不大于 20%）、债务率（不大于 1）、偿债率（不大于 20%）以及短期外债占总债务余额的比例（不大于 20%），上述 4 个指标的计算都与 BOP 表中国际资本的流动密切相关。

资本骤停风险是指对于一个国家或地区而言，资本流入突然大幅减少甚至流动方向发生逆转，或者资本流出突然大幅增加而造成的风险。需要注意的是，这里的资本骤停是相对国际资本的流入来讲，如果国际资本流入突然大幅减少，甚至发生逆转（即由流入变化流出），直到演变为流出大幅增加，我们都称之为资本骤停。一般来说，资本骤停会造成资金的短期供应不足、流动性紧缺、经济泡沫破灭、资产价格大幅缩水，进而诱发金融恐慌并可能导致货币危机发生[②]。根据戴蒙德和迪布维克（Diamond and Dybvig，1983）提出的金融恐慌模型，金融恐慌和羊群效应通常会加剧国际资本流动逆转的突发性和灾难性。1994 年的墨西哥金融危机和 1997 年的亚洲金融危机则很好的验证了这一点，2008 年上半年越南股市汇市的

---

① 引自杨海珍：《国际资本流动研究》，中国金融出版社 2011 年版，第 248 页。

② 引自杨海珍：《国际资本流动研究》，中国金融出版社 2011 年版，第 250 页

持续暴跌也同样是由于国际资本大量外逃而造成。根据石刚等（2014）的定义，资本骤停主要是由于资本流动中的短期国际资本流动骤停造成的。短期国际资本流动在 BOP 表中分布在经常账户和金融账户中，但最为主要的还是体现以下四个方面：一是隐藏于净误差与遗漏项中的"地下钱庄"转移和"走私现金"；二是存在于贸易账户中的"热钱"；三是存在于金融账户中的部分直接投资；四是存在于金融账户中的部分证券投资。具体来说，外商直接投资（FDI）、外商证券投资（foreign portfolio investment，FPI）、外商其他投资（foreign other investment，FOI）等形式都可能包含大量的短期资本。萨诺和泰勒（Sarno and Taylor，1997）研究发现，FPI 是波动性最强的国际资本流动形势。而卡尔森和埃尔南德斯（Carlson and Hernandez，2002）研究发现 FPI 和 FDI 的行为类似，而与短期外债的行为完全相反，他们认为可能的解释是 FPI 投资者的眼光比短期外债的持有者长远，将 FPI 与短期外债归为一类是错误的。而威利特（Willett，2004）研究发现，亚洲金融危机时期，大量资本流出是以银行贷款的形式发生的。很多学者（Chuhan et al.，1996；Sarno and Taylor，1999；Sula and Willett，2007；Levchenko and Mauro，2007）都认为 FDI[①]、FPI 和 FOI 三种形式的大量资本流入具有易变性。

短期国际资本流动的风险所造成的潜在影响是显而易见的。这里主要从货币政策独立性、泡沫经济、货币危机三个方面来分析短期国际资本流动的风险所带来的潜在影响。

在货币政策独立性上，蒙代尔（Mundell，1963）和克鲁格曼（Krugman，1969）的"三元悖论"认为，货币政策的独立性、汇率的稳定性和资本的完全流动性这三个目标不能同时实现，其中两个目标的实现以牺牲另外一个为代价。一国货币供应量变动的基本路径包括国内信贷和外汇储备变动，国际资本流动主要通过外汇储备来影响货币供应量，进而影响货币政策的独立性。显然，如果一国遭遇短期国际资本流动风险时，政府必然通过减少外汇储备，进而增加货币供应量来影响到货币政策的独立性。

---

① 加布里埃莱等（Gabriele et al.，2000）认为 FDI 可以通过利润汇回、集团内部利润转移、价格差等多种方式流出投资国或者以 FDI 名义进入投资国后再转投资本市场、房地产市场等高风险领域。

就中国而言，资本流动绝大部分形成外汇储备以及外汇占款。

在泡沫经济方面，泡沫的载体一般包括商品、债券、股票和房地产等，泡沫的发展必须要以源源不断的资金供给为基础。对于发展中国家而言，通常由于自由资金比较有限而需要引进外资，如果过多的外资流向投资回报率高、容易产生泡沫的股票市场和房地产市场，则短期国际资本流动的风险很容导致这些资产泡沫的破灭。一般来说，对于已经产生泡沫的经济体，国际投机资本会大肆流向泡沫部门，使其泡沫膨胀，而一旦泡沫破灭，由于这些资本有极强的流动性而会迅速撤离，从而加剧震荡。

在货币危机方面，国内外学者普遍认为国际资本流动的风险所带来的最为直接的潜在影响就是诱发货币危机，而货币危机前一般都会伴随着国际资本流动的剧烈波动。货币危机通常可以定义为汇率的大幅贬值；如果在汇率已经大幅贬值的情况下，则货币危机会以利率的大幅上升或外汇储备的大幅减少的形式出现（Matthieu Bussière，2013）。戈德凡尔和瓦尔德斯（Goldfajn and Valdes，1997）研究表明，货币危机爆发前的 5 ~ 7 年资本开始大量流入，到危机爆发前 1 年资本流入开始急剧下降。显然短期国际资本流动的风险会对一国的汇率，或利率，或外汇储备，或三者的组合造成不良影响，进而导致货币危机的发生。

8.1.2　短期国际资本流动的监测与预警概述

在过去几十年中，贸易的全球化推动着金融资本市场的全球一体化，短期国际资本在国际间的流动变得越来越容易且多样化，这要求各国的监管部门（如中央银行）提高对国际资本流动的监管能力，加强对短期国际资本流动的预警监测分析。特别是在危机时刻，监管部分所采取的政策对整个宏观经济的影响非常重大。例如，巴西在 1998 ~ 1999 年金融危机时依然保持了经济处于正增长的状态，这主要得益于在金融风险转移到巴西的汇率体系之前，监管部门已经主动将这种风险转移到了政府的资产负债表上（巴西的具体操作方法参见 IMF2004 年的相关研究报告）。与巴西相反的是阿根廷，阿根廷政府在 20 世纪 90 年代末的金融危机中，通过银行体系来帮助解决政府资产负债表的流动性短缺问题，从而使得危机持续恶化进而对整个经济造成较大伤害。

目前，许多国家的监管部门都基于本国的实际情况，构建了各自的国际资本流动预警系统，这类系统主要包括交易信息监测系统以及早期危机预警系统（early warning system，EWS）两大类，下面简单进行介绍。

交易信息监测系统主要又包括高频债务监测预警系统、外汇信息系统、综合信息监测预警系统三个类型。高频债务监测系统监测的主要内容包括各种外债交易规模、交易期限以及利率的变化情况，监测的数据频度可以是日、周或月，但一般以周为主。比如韩国的高频债务监测预警系统就是以短期资本流动（包括证券投资、外债、对冲基金等流动性的资金）为监测内容，特别是针对非居民机构投资者的多级监测层次。外汇信息系统监测的内容可以涵盖几乎所有外汇交易，包括进出口交易、资本交易、外汇存款、衍生品交易、外币资产负债、证券投资、金融机构头寸、金融机构借贷等，监测的数据频度分为日报、周报、月报等，该系统不仅可以用来监测分析短期国际资本流动①及其对金融市场的影响，还可以用来辅助编制 BOP 表。综合信息监测预警系统一般用来监测外汇、外债等多个类型的信息，这里以巴西中央银行 1985 年开始运行 Sisbacen 系统为例来进行介绍。巴西的 Sisbacen 系统是其中央银行和外汇指定银行联网共建形成的一个大型数据信息系统，该系统还与巴西的税务信息系统、外贸信息系统等互联，可以通过外汇兑换合同实现对经常项目下的跨境资本流动进行监控，通过外资注册申报等实现对资本项目下的跨境资本流动进行监控。因此通过 Sisbacen 系统可以实现对 FDI、FPI 以及外债的监测预警。

EWS 是在交易信息监测系统的基础上，引入统计分析方法，在指标信号监测预警分析的基础上，对货币危机进行预警预测分析。这里以韩国国际金融中心 1999 年建成的 EWS 为例进行介绍，该系统的具体名字是危机基本面指数模型（fundamental base crisis index）。该模型包括危机定义、先行指标筛选、各变量阈值和权重的确定等内容。该模型使用常见的外汇市场压力指数（exchange market pressure，EMP）来定义危机，EMP 具体是外

---

① 比如韩国央行认定由于证券投资可以随时在二级市场出售变现流出，因此无论证券投资期限长短，全部视为短期资本流动来监测。

汇储备、名义汇率和利率三者的加权指数。其先行指标共计 26 个，即包括 1 个综合指标、4 个部门指标（国内实体部门、国内金融部门、国外实体部门、国外金融部门）和 21 个独立指标。需要说明的是，韩国的危机基本面指数模型预测的是未来 12 个月发生货币危机的可能性，预测的既不是明天也不是下个月的危机；该模型在发出正确预测信号的同时，也会发出一些错误信号，因此决策者在使用该模型时，一定要结合其他相关信息来进行综合判断。

8.1.3 从预警到预测[①]

较早的应用于经济领域且被各国政府广泛使用的预警方法是用于经济景气分析的景气预警方法。该方法最早见于 20 世纪 50 年代美国提出的"程式性调控制度"和法国的"经济警告指标"。1963 年，法国政府为了配合第四个五年计划制定了"景气政策信号制度"，借助不同的信号灯颜色，对宏观经济作出简明、直观的评价。随后日本、德国等政府部门也编制了类似的警告指数。景气预警方法的基本原理是对一组反映经济发展状况的敏感性指标，运用有关的数据处理方法将一组指标合并为一个综合性的指标，然后通过用一组类似交通管制的红、黄、绿、浅蓝、蓝灯的信号标志系统，对这组指标和综合指标所代表的经济周期波动状况发出预警信号，通过观察信号灯的变化情况，来判断未来经济发展的趋势。

景气预警方法的基本步骤主要包括以下四步：第一步，选择预警指标。需要注意的是，为了使预警信号系统不受季节性和不规则因素的干扰，所有被选择的指标应分别消除季节因素和不规则因素变化。第二步，确定单个景气预警指标的预警界限值。一般来说，临界值不是恒定的，临界值的确定是一个逐步摸索、调整和优化的过程。第三步，确定综合指标的得分。假设选择了 M 个预警指标，则将 M 个指标每个月所显示的信号灯对应的分数进行加总得到一个综合分数，该综合分数即为这 M 个指标的

---

① 本部分主要参考石刚撰写的"第五章 国民经济动态统计"，引自《国民经济统计学》邱东主编，高等教育出版社 2011 年版。

代表性指标——综合指标所对应的分数；当全部指标都为红灯时，则综合指标的分数为最高值——5×M 分；当全部景气预警指标都为蓝灯时，综合指标对应的综合分数为最低值——M 分。第四步，根据综合指标的得分以及综合指标对应的界限值，来判断最终综合指标得分所对应的信号灯的颜色。景气预警方法后来经过进一步拓展，引入数据分析与统计建模，构造了景气扩散指数（DI）和景气合成指数（CI），三种方法结合起来目前被广泛应用于各国即各地区的宏观经济景气预警与预测分析。

显然，目前应用较为广泛的 EWS 方法与景气预警方法本质上一样，都需要对指标进行筛选，对指标的临界值进行判断，并将指标值与临界值进行对照，进而判断经济或危机的状态如何。这类预警方法虽然除了起到监测的作用之外，同时兼具预测的作用，但从预警方法本身上来讲，还存在两个方面的不足：一是这类方法更多的还是侧重定性分析，包含定量与建模的成分较少；二是这类方法预测外推的时期数有限，结果本身不具备外推预测功能，往往只能根据指标的先行性来进行预测，一旦超出领先期，则无法做出判断。因此，引入定量的预测方法（如统计模型预测、数据挖掘模型预测等），对预警方法的一个有益补充，对风险（或危机）预测的一个必要手段。

现有的预测方法有很多种，从大类来说，根据基础数据的不同，有时间序列预测方法、灰色预测方法、计量预测方法、数据挖掘预测方法等。具体到基于短期国际资本流动来预测货币危机的方法，目前主要有四类（Jeffrey Frankel and George Saravelos，2012）：即受限因变量的 logit 或 probit 模型、非参数的指标法（或信号法）、对照组比较的定量与定性结合法、新近发展的系列技术方法［如人工神经网络法、遗传算法、二进制递归树法（binary recursive trees）、马尔科夫转换模型、贝叶斯模型平均法（bayesian model averaging）］。显然基于短期国际资本流动来预测货币危机的预测方法还在进一步的探索中，也正基于此，本章将尝试用机器学习模型来对短期国际资本流动的规模进行预测分析。

8.2 所选预测模型介绍

第 7 章已经分析了短期国际资本流动与经济的先行关系，这里暗含着二者之间存在着一定的逻辑关系。我们这里在选择预测模型时，故意避开这种逻辑关系的考量，同时也为了避免同步指标之间多重共线性的负面影响，从而选用机器学习模型中的分类回归树（classification and regression tree，CART）模型、随机森林（random forest）模型、BP 神经网络（back propagation neural network model）模型、支持向量机（support vector machine，SVM）模型来进行预测分析。

采用机器学习模型的另一个原因是我们的样本量数据规模不算太大。需要说明的是，上述四个模型中，随机森林模型和 SVM 模型由于自身的优良特点使得其对于小样本预测具有较好的性能。其中，随机森林模型的分类器集成算法能有效地在全部样本集中随机抽取不同的训练样本集的组合，以此极大地提高各个分类训练模型之间的差异性，这种随机差异性使得随机森林模型在样本量很小（或样本资料存在缺失）的情况下，也可以充分利用样本信息，显著增强模型的外推预测能力。而 SVM 模型则是一种针对小样本训练和分类的机器学习理论，它具有理论完备、全局最优化、泛化性能强、维度不敏感等优良特点，使得预测模型能够很好地解决了样本小、局部极小点、非线性、高维度等模型预测难题。下面将对四类模型进行简单介绍。

8.2.1　分类回归树模型

分类回归树分析方法是由数学家布雷曼等人于 20 世纪 80 年代提出的，是一种广泛运用的决策树算法之一。与其他决策树算法不同，CART 只能建立二叉树，并且 CART 以基尼系数和方差作为选择依据，CART 算法包括决策树生长和决策树修剪两个过程，其基本原理如下。

回归树在确定每一步的特征空间划分标准时，同时兼顾由此形成的 M 个区域，并希望划分形成的 M 个区域所包含的观测点尽可能的"纯正"，即在同一区域中的观测，其输出变量尽可能取同一类别的值，假设输入空间划分的 M 个区域分别为 R_1，R_2，…，R_M，而且每个区域 R_M 上有一个对应的输出值 C_M，于是回归树模型可表示为：

$$f(x) = \sum_{m=1}^{M} c_m I(x \in R_m)$$

在二叉划分中，假设搜索分裂变量和分裂点。定义一对半平面：

$$R_1(j, s) = \{X \mid X_j \leqslant s\} \text{ 且 } R_2(j, s) = \{X \mid X_j > s\}$$

然后寻找最优切分变量 j 和最优切分点 s，求解目标函数：

$$\min_{j,s}\left[\min_{c_1}\sum_{x_i \in R_1(j,s)}(y_i - c_1)^2 + \min_{c_2}\sum_{x_i \in R_2(j,s)}(y_i - c_2)^2\right]$$

对固定输入变量 j 可以找到最优切分点 s：

$$\tilde{c}_1 = ave(y_i \mid x_i \in R_1(j, s)) \text{ 和 } \tilde{c}_2 = ave(y_i \mid x_i \in R_2(j, s))$$

为体现类空间差异最大、类内差异最小的分类原则，遍历全部的输入变量，直到发现最佳的划分变量 j，组成（j，s）变量集。依次把输入空间切分为 2 个区域，重复这个过程，最终得到最理想的 2 个超类。

8.2.2　随机森林模型

随机森林是一个基于分类回归树算法构建，包含多个决策树的分类器，其实质是基于决策树的分类器集成算法，其中决策树的每一棵树的分割变量不是由全部的自变量相互竞争而产生，而是由随机选取的局部少数变量产生的，因此随机森林分析方法所选取的变量都是服从独立同分布的。随机森林的基本思想是：首先，利用袋装法（bagging）生成 n 个样本训练集，它们构成 n 棵决策树，而每次没有被选中的样本自动构成测试集；其次，在 CART 算法的基础上，对 n 个样本训练集分别建立 n 个决策树模型，得到 n 种分类结果；最后，利用已经建立好的多个 CART 树分类器来预测新的未知样本，把每一棵决策树预测的结果进行平均化，由此即可得到最终的预测结果。

随机森林算法中，对于每一棵回归树的建立，训练集都是从原始数据集中随机选取的，没有被用来构建模型的样本则用作测试集，测试检验训练模型在预测上的精准度。这种验证方法在很大程度上增强了随机森林在预测时的泛化能力。概括起来，随机森林的主要优势：（1）随机森林的分类器集成算法有效地在全部样本集中随机抽取不同的训练样本集的组合，以此极大地提高了各个分类训练模型之间的差异性，这种随机差异性使得随机森林算法在样本资料缺失，即样本量很小的情况下也可以充分利用样本信息，保持较高的准确性，不但克服单个模型在训练时出现的过度拟合问题，也使得模型外推预测能力显著加强；（2）不同于传统预测方法要求人工信息搜集和权重分配，随机森林算法能够自动、灵活、高效地处理数据和赋予权值，提高模型的预测效率；（3）随机森林算法可以对影响预测精度的变量进行重要程度的排序，并由此生成评价指标重要程度排序的度量值，该种功能方便预测模型剔除不重要的影响变量，使得模型在预测分析上更加高效和精确。

8.2.3　BP 神经网络

BP 神经网络为一种依据误差反向传播算法学习的多层前馈式网络，是人工神经网络模型中运用相当广泛的一种。BP 算法主要运用于多层分布网络，网络模型中不仅包含有输入层（input）节点，输出层（output layer）节点，还包含了一层或者多层隐含层（hidden layer）节点。本书选取了包含多个输入节点以及单个输出节点，并且其间只包含有一层隐含层节点的三层网络分布结构的 BP 神经网络，模型的网络拓扑结构如图 8 - 1 所示。

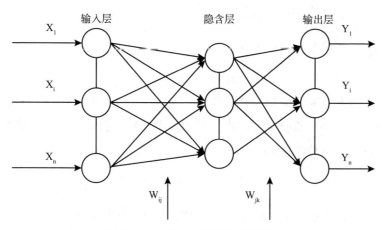

图 8 - 1　三层 BP 网络拓扑结构图

图 8 - 1 中 W_{ij} 是输入层和隐含层中神经元节点 i 和 j 之间的连接权重，W_{jk} 表示隐含层和输出层中神经元节点 j 和点 k 之间的连接权重。如果权重小于 0，则表示相连的 2 个神经元节点之间相互抑制；如果权重等于零，

则表示相连的 2 个神经元节点之间没有相互作用；如果权重大于 0，则表示相连的两个神经元节点之间相互促进。除此之外，在隐含层和输出层链接的各神经元节点之间，还存在有一个阈值，它的功能是调节神经元节点之间传导的兴奋水平。如果有信息输入时，信息第一步是由输入层节点向隐含层节点传导，并经特性函数的处理后，再传播到输出层节点输出，其中，信息每通过一层节点都会有相应的特性函数对它进行变换处理。节点的特性函数具有可微的性质，本书选取的特性函数是 $f(x) = \dfrac{1}{(1 + e^{-x})}$。

BP 神经网络模型的一般算法如下：

（1）初始化连接权重 W_{ij}、W_{jk} 与神经元阈值 θ_j、θ_k 的值；

（2）将样本集分为训练集和测试集，从训练样本集中抽取部分样本，将输入信息 X_i 从输入层中输入；

（3）依次计算出各层节点的信息输出值 O。

$$net_j = \sum_{i=1}^{n} W_{ij}O_{ij}$$

$$O_j = f(net_j + \theta_j)$$

（4）计算各个神经元输出值的误差。

隐含层的误差：$\delta_j = O_j(1 - O_j)\sum_{k=1}^{q} \delta_k w_{ij}$

输入层的误差：$\delta_k = (y_j - y_k)\hat{y}_k(1 - y_k)$

（5）调整连接权重以及连接阈值：$W_{ij} = W_{ij} - \alpha\delta_jO_i$，$\theta_j = \theta_j - \beta\delta_j$

（6）输入下一部分训练样本，回到步骤（3），直至所有训练样本被学习完，计算得出总误差 E：

$$E = \frac{1}{2p}\sum_{i=1}^{p}\sum_{j=1}^{q}(\hat{Y}_{pq} - Y_{pq})^2$$

上述表达式中，net_j 表示节点 j 的输入；O_i 表示节点 i 的输出；W_{ij} 表示节点 i 和节点 j 之间的连接权重；θ_j 表示节点 j 的网络连接阈值；δ_j 表示节点 j 的信息误差；y_k 表示输出层节点 k 的实际输出值，$\hat{y}_k$ 表示输出层节点 k 输出的期望值；p 表示训练样本的数量；q 表示输出单元的数量。当总误差 E 不大于初始设定的某一精度 ε 时，则训练过程结束，否则训练过程重新开始，直至 E 小于 ε 为止。

8.2.4 支持向量机

支持向量机是 20 世纪 90 年代中期 AT & Bell 实验室的 V. 万普尼克（V. Vapnik）等人提出的一种针对小样本训练和分类的机器学习理论。SVM 的提出基于线性可分情况下的最优分类面，它的基本思想如图 8 - 2 所示。在一个一维或者二维或者多维的空间中，图中的菱形和圆形的标识分别表示着两类样本，不同样本中间的实线为用来对样本进行分类的分类超平面，样本实线两边的虚线代表超平面，两条虚线之间的距离称为分类间隔（margin）。

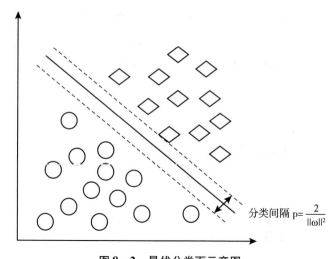

分类间隔 $p = \dfrac{2}{\|\omega\|^2}$

图 8 - 2　最优分类面示意图

其中，在两个类被成功分开的同时，又保证被分的类之间间隔最大的面称为最优分类面。假定选出一个样本集表示为 (x_i, y_i)，$i = 1, \cdots, n$，$x \in R^d$，$y \in \{+1, -1\}$，满足条件：

$$y_i[(\omega^t x_i) + b] - 1 \geqslant 0, \ i = 1, \cdots, n$$

那么可以求得分类面的计算方程为 $\omega^t x_i + b = 0$，求解得出分类间隔为 $\rho = \dfrac{2}{\|\omega\|^2}$，该分类面在将两类样本正确分开的同时，又保证了样本之间的

分类间隔最大，这时候 $\|\omega\|^2$ 最小。因而，在空间区域线性可分的条件下，SVM 的目标函数为：

$$\Phi(\omega) = \frac{1}{2}\|\omega\|^2$$

$$\text{s. t. } y_i[(\omega^t x_i) + b] - 1 \geqslant 0, \ i = 1, \cdots, n$$

这等价于用 Lagrange 乘子法求下式的极小值，于是定义如下 Lagrange 式子：

$$L(\omega, b, \alpha) = \frac{1}{2}\|\omega\|^2 - \sum_{i=1}^{n} \alpha_i \{y_i[(\omega^t x) + b] - 1\}$$

求解 Lagrange 函数的极小值，从而推导得出分类器的决策函数：

$$f(x) = \text{sgn}\{(\omega, x) + b\} = \text{sgn}\left[\sum_{x_i \in sv} \alpha_i y_i (x_i, x) + b\right]$$

支持向量机算法由于具有理论完备、全局最优化、泛化性能强、维度不敏感等优良特点，使得预测模型能够很好地解决了样本小、局部极小点、非线性、高维度等模型预测难题，因此，目前支持向量机正在成为人工智能领域的研究热点。

8.3 短期国际资本流动的预测分析

8.3.1 数据与变量说明

根据第 7 章的分析可以知道，中国短期国际资本流动规模是工业增加值、发电量以及社会零售总额 3 个同步变量的先行指标，领先期大致在 6~12 个月，因此这里选择 3 个宏观经济的同步变量作为辅助变量，对短期国际资本流动规模进行预测分析。考虑到 3 个变量与短期国际资本流动规模的关系，我们采用了机器学习模型作为预测模型。

3 个变量中，工业增加值的月度绝对量数据，国家统计局只发布到 2006 年 11 月，其他各月的数据我们根据月度同比增长率来进行插补得到。发电量的月度值数据除了 2013 年和 2016 年的缺少 1 月和 2 月的数据之外，其他各年份缺少 1 月份数据，我们利用月同比增长率的年均值数据，同时考虑春节因素，进行简单插补。社会零售总额的月度数据 2012 年起每年缺少 1 月和 2 月的数据，类似的，我们利用月同比增长率的年均值数据，同时考虑春节因素进行简单插补。

考虑到工业增加值和社会零售总额两个绝对量指标包含有价格因素，因此采用 PPI 和 CPI 转换为定基后的指数数据分别对这两个指标进行价格因素的剔除。其中 PPI 和 CPI 的基期都选择在 1999 年 1 月，然后根据这两个指标的同比数据，结合一年的环比数据，对 PPI 和 CPI 进行定基转换。对于短期国际资本流动的规模，考虑后续数据预处理和数据分析的需要，我们对其进行平移处理，从而保证该序列所有数值为正值。最后，所有四个序列都经过 X – 12 – ARIMA 程序进行季节调整，得到四个序列的 TC 序列。

8.3.2 预测能力的评价与实现

模型的预测能力一般用预测值与真实值的绝对数值差异或相对数值差异来进行评价。对相对数值差异的比较，这里选取比较有代表性的平均绝对百分误差（mean absolute percentage error，MAPE[①]）作为评价指标，而对绝对数值差异的比较，这里选取同样具有代表性的标准化均方误差（normalized mean square error，NMSE[②]）作为评价指标。MAPE 和 NMSE 这两个指标的数值越小，说明模型的预测效果越好。

为了更好地实现对各个预测模型的评估，这里将观测数据分成训练样本集和测试样本集，其中训练样本数据用于建立模型；测试样本数据用于对建立的模型进行预测评估。采用旁置法将全部观测数据随机地划分为相互独立的训练样本集和测试样本集。进一步，为了避免采用旁置法使得训练样本集和测试样本集变小，我们采用 N 折交叉验证法。对于

---

① 这里 MAPE 所用具体表达式为：$MAPE = \dfrac{1}{n} \sum_{i=1}^{n} \left| \dfrac{\hat{y}_i - y_i}{y_i} \times 100 \right|$。

② 这里 NMSE 所用具体表达式为：$NMSE = \dfrac{\sum (y_i - \hat{y}_i)^2}{\sum (y_i - \bar{y})^2}$。

N 的选择，一方面我们考虑所测算的短期国际资本流动规模与其他时间因素的关系，选取 N＝3；如果按照五年规划来划分，我们的样本数据涵盖的五年规划则一共包含了 4 个，据此 N＝4。另一方面，考虑到测试集所需要预测数据的长度，由于样本观测值总数为 191，这里我们用 N 折交叉验证法时，同时选择了 N＝10 的情况进行预测分析。这里以 N＝3 为例说明 N 折交叉验证法的操作过程。对于 N＝3 的情况，对全部观测数据独立的分为三份，每次选取其中二份样本数据作为训练集，剩余一份样本数据作为测试集；然后，用训练样本集建立模型，用测试样本集进行预测效果评估，每次同时记下模型分别在训练样本集和测试样本集上的预测结果和预测误差；如此轮流，一共做三次，最后将三次的预测误差取平均值得到一个综合的预测误差估计值。3 折、4 折和 10 折交叉验证法的实现以及各个预测模型的模拟计算与预测分析均通过 R 语言编程实现。

8.3.3　预测结果比较

将观测数据随机分成训练集和测试集两组，分别采用 3 折、4 折和 10 折交叉验证方法，比较支持向量机模型、随机森林模型、分类回归树模型、BP 神经网络模型四个模型的预测能力，各模型的预测结果如表 8－1 所示。进一步将各个模型不同折交叉验证法的测试集预测的 MAPE 和 NMSE 结果作图展示，如图 8－3 所示。

表 8－1　　　　　　　　　　四个预测模型测试集预测结果比较

模型	3 折		4 折		10 折	
	MAPE	NMSE	MAPE	NMSE	MAPE	NMSE
支持向量机	0.0245	0.1699	0.0174	0.0908	0.0183	0.0932
随机森林	0.0153	0.0153	0.0142	0.0656	0.0656	0.0538
分类回归树	0.0370	0.3736	0.0283	0.2028	0.0259	0.2271
BP 神经网络	0.2030	0.3345	0.2047	0.3504	0.2181	0.3833

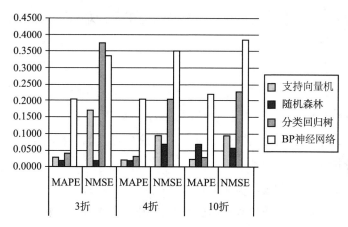

图 8 - 3   四个预测模型测试集预测结果比较图

综合 MAPE 和 NMSE 的结果来看，在上述不同折交叉验证法的不同模型的预测结果中，随机森林模型的 3 折交叉验证法的预测精度最好，控制在 1.5% 左右。从模型的预测效果来看，整体上随机森林模型的结果最好；其次是支持向量机模型的结果；而分类回归树模型的预测结果的相对误差和绝对误差差别较大，且绝对误差的结果均超过了 20% 以上；BP 神经网络模型的预测结果最差。从不同折交叉验证法的结果比较来看，整体上三种交叉验证法的预测效果相差不大，3 折和 4 折交叉验证法的结果略微好于 10 折交叉验证法的结果。

8.4　评论与展望

本章基于机器学习模型，利用短期国际资本流动规模与宏观经济同步指标的关系，对短期国际资本流动规模进行预测分析有优点也有缺点。优点主要有以下三个：第一，选择机器学习模型，避开了短期国际资本流动规模与宏观经济同步指标的逻辑关系的论证，直接从数据关系去进行预测分析。第二，这种基于指标的时滞关系，同时基于纯数据关系的预测分析有助于对预测结果的双重验证，即将预测结果与实际进行对照的同时，还对预测结果的时滞领先关系进行检验。第三，基于 TC 序列的预测分析，有效地避开了季节因素和不规则因素带来的干扰，对提升预测结果的精度有一定的帮助。

本章的预测分析同样也存在一些不足，主要表现在以下三个方面：第一，在预测模型选择多样性上，缺少时间序列预测模型的考量。第二，在建模预测分析时，缺少对短期国际资本流动规模的影响因素的分析和应用。第三，在纯数据挖掘模型的应用上，缺少对其他类模型的比较、选择和预测分析。

在短期国际资本流动预测分析上，我们给出今后工作的四点展望。第一，探寻高频数据与低频数据高效结合使用的具体方式方法。这里的预测分析基于月度数据，但影响资本流动的因素众多，受资本流动影响的经济指标也很多，并且由于短期国际资本流动波动强，容易发生逆转，因此要实现对短期国际资本流动的预测与监测分析，需要尽可能使用高频数据，如日度数据、周数据等，以便及时快速掌握短期国际资本流动的变化和动态；而月度数据、季度数据则可以用来做短期国际资本流动趋势预测。

第二，充分探寻、验证、使用各种先行指标。目前现有的众多研究中，比较注重建立各种预警系统，如早期预警系统（EWS）、高频债务监测预警系统等，通过建立一套指标体系，然后将指标体系经过各种分析技术处理，来实现对短期国际资本流动的预测预警分析。其实，从本质上讲，各种预测预警系统的最终目的，都是希望能够提前实现对资本流动未来走势的准确预测，从而尽早采取应对措施，以降低其造成的不良影响。因此，从预测分析的本质上讲，除了采用各种模型技术对时间序列展开外推预测之外，另外一个重要的方向就是尽可能全面地搜索、筛选、分析短期国际资本流动的先行指标。无论是高频数据还是低频数据，首先从数据角度以发现经验事实上的先行关系，然后从理论逻辑层面给予合理的分析，一旦这种先行关系从数据和逻辑两个层面得到确认，那么这种预测将更为及时有效，对于监管来说，也更为有利。

第三，短期国际资本流动预警预测与货币危机预警预测相联系。由于各种主客观因素的限制，我们还没有展开对货币危机的预警预测研究，而只是对国际资本流动中最为活跃的短期国际资本流动展开预测分析。显然，短期国际资本由于其自身的特点，使得其对一个地区或国家政治变化、经济变化、市场变化等具有极强的敏感性，短期国际资本流动的异常可以看成是各类危机发生的一个"前哨兵"，虽然短期国际资本流动的异常不是必然预示着危机的发生，但危机的发生一定会使得这个"前哨兵"提前反应。因此，进一步探讨短期国际资本流动与货币危机的关系，具有非常重要的现实意义，我们期待着尽快进入到这一研究中。

第四，同时考虑用时间序列预测模型、计量模型、其他类的数据挖掘模型以及其他类的预测方法（如组合预测等），对短期国际资本流动规模进行预测分析，并对不同预测模型的应用的合理性、预测结果的有效性进行比较分析，从而识别出更为合理、有效的预测模型。

附录　四个机器学习模型的 R 程序（基于三折交叉验证）

1. 支持向量机

n = 191;zz1 = 1:n#n 为观测总数

k = 3##k 折交叉验证

zz2 = rep(1:k,ceiling(n/k))[1:n]

set. seed(100);zz2 = sample(zz2,n)#撒种

Y1 = c(0)#Y1 用于记录测试集的预测值

M1 = c(0)#M1 用于记录测试集的次序

w = read. csv("C:\\Users\\Administrator\\Desktop\\tc. csv",header = TRUE, sep = ',')#读入数据

library(rminer)#载入程序包

set. seed(444)

NMSE = rep(0,k);MAPE = NMSE;NMSE0 = MAPE;MAPE0 = MAPE;#初始定义

for(i in 1:k){

　m = zz1[zz2 = =i]#m 代表第 i 组训练集的下标

　M = fit(y ~ .,w[-m,],model = "svm")#训练集进行 svm 计算

　y0 = predict(M,w[-m,])#训练集进行预测

　y1 = predict(M,w[m,])#测试集进行预测

　Y1 = c(Y1,y1)#记录测试集的预测结果

M1 = c(M1,m)#记录测试集的下标

NMSE0[i] = mean((w\$y[-m]-y0)^2)/mean((w\$y[-m]-mean(w\$y[-m]))^2)#下为计算 MSE 和 NMSE 的过程,三个程序以下步骤都一样

MAPE0[i] = mean(abs((w\$y[-m]-y0))/y0)

NMSE[i] = mean((w\$y[m]-y1)^2)/mean((w\$y[m]-mean(w\$y[m]))^2)

MAPE[i] = mean(abs((w\$y[m]-y1))/y1)

}

(MMAPE0 = mean(MAPE0));(MNMSE0 = mean(NMSE0))

(MMAPE = mean(MAPE));(MNMSE = mean(NMSE))

write. csv(Y1,file = "C:/Users/Administrator/Desktop/Ysvm10. csv")#写出预测值的结果

write. csv(M1,file = "C:/Users/Administrator/Desktop/M110. csv")#写出预测值的次序

2. 分类回归树

library(rpart);

n = 191;zz1 = 1:n#n 为观测总数

k = 3##几折交叉验证

zz2 = rep(1:k,ceiling(n/k))[1:n]

set. seed(100);zz2 = sample(zz2,n)#撒种

Y1 = c(0)#Y1 用于记录测试集的预测值

M1 = c(0)#M1 用于记录测试集的次序

w = read. csv("C:\\Users\\Administrator\\Desktop\\TC. csv",header = TRUE,
sep = ',')#读入数据

set. seed(444)

NMSE = rep(0,k);MAPE = NMSE;NMSE0 = MAPE;MAPE0 = MAPE;#初始定义

for(i in 1:k){

m = zz1[zz2 = = i]

a = rpart(y ~ . ,w[-m,])#决策树回归

y0 = predict(a,w[-m,])

$y1 = predict(a, w[m,])$

$Y1 = c(Y1, y1)$ #记录测试集的预测结果

$M1 = c(M1, m)$ #记录测试集的下标

$NMSE0[i] = mean((w\$y[-m] - y0)^2)/mean((w\$y[-m] - mean(w\$y[-m]))^2)$

$MAPE0[i] = mean(abs((w\$y[-m] - y0))/y0)$

$NMSE[i] = mean((w\$y[m] - y1)^2)/mean((w\$y[m] - mean(w\$y[m]))^2)$

$MAPE[i] = mean(abs((w\$y[m] - y1))/y1)$

$\}$

$(MMAPE0 = mean(MAPE0)); (MNMSE0 = mean(NMSE0))$

$(MMAPE = mean(MAPE)); (MNMSE = mean(NMSE))$

$YY = cbind(M1, Y1)$

write. csv(YY, file = "C:/Users/Administrator/Desktop/huishu3. csv")

3. 随机森林

n = 191; zz1 = 1:n#n 为观测总数

k = 3##几折交叉验证

zz2 = rep(1:k, ceiling(n/k))[1:n]

set. seed(100); zz2 = sample(zz2, n)#撒种

Y1 = c(0)#Y1 用于记录测试集的预测值

M1 = c(0)#M1 用于记录测试集的次序

w = read. csv("C:\\Users\\Administrator\\Desktop\\tc2. csv", header = TRUE,
sep = ',')#读入数据

test = read. csv("C:\\Users\\Administrator\\Desktop\\te. csv", header = TRUE,
sep = ',')#读入数据

library(randomForest)

set. seed(444)

NMSE = rep(0, k); MAPE = NMSE; NMSE0 = MAPE; MAPE0 = MAPE;#初始定义

for(i in 1:k){

m = zz1[zz2 == i]

```
A = randomForest(y ~ . , data = w[ - m, ] , importance = TRUE, proximity = TRUE)
y0 = predict(A, w[ - m, ])
y1 = predict(A, w[ m, ])
Y1 = c(Y1, y1)
NMSE0[i] = mean((w$y[ - m] - y0)^2)/mean((w$y[ - m] - mean(w$y
[ - m]))^2)#
MAPE0[i] = mean(abs((w$y[ - m] - y0))/y0)
NMSE[i] = mean((w$y[m] - y1)^2)/mean((w$y[m] - mean(w$y[m]))^2)
MAPE[i] = mean(abs((w$y[m] - y1))/y1)
}
(MMAPE0 = mean(MAPE0)); (MNMSE0 = mean(NMSE0))
(MMAPE = mean(MAPE)); (MNMSE = mean(NMSE))
write. csv(Y1, file = "C:/Users/Administrator/Desktop/Yrandf10. csv")
```

4. BP 神经网络

```
library(AMORE);
n = 191; zz1 = 1:n#n 为观测总数
k = 3#几折交叉验证
zz2 = rep(1:k, ceiling(n/k))[1:n]
set. seed(100); zz2 = sample(zz2, n)#撒种
Y1 = c(0)#Y1 用于记录测试集的预测值
M1 = c(0)#M1 用于记录测试集的次序
w = read. csv("C: \\Users \\Administrator \\Desktop \\tc. csv", header = TRUE,
sep = ',')#读入数据
w2 = read. csv("C: \\Users \\Administrator \\Desktop \\tc1. csv", header = TRUE,
sep = ',')#读入数据
W = as. matrix(w)#未归一的数据
W2 = as. matrix(w2)#用最大值归一的数据
my = max(w$y);
set. seed(444)
```

```
NMSE = rep(0,k);MAPE = NMSE;NMSE0 = MAPE;MAPE0 = MAPE;#初始定义
for(i in 1:k){
 m = zz1[zz2 = = i]
 net <- newff(n. neurons = c(3,3,1),learning. rate. global = 1e - 2,momen-
tum. global = 0. 4,
        error. criterium = "LMS",Stao = NA,hidden. layer = "tansig",
        output. layer = "purelin",method = "ADAPTgdwm")
 P = W2[ - m, - 1];target = W2[ - m,1];
 a = train(net,P,target,error. criterium = "LMS",report = TRUE,show. step =
200,n. shows = 10)
 y0 = sim(a $ net,W2[ - m,2:4]) * my#还原真实
 y1 = sim(a $ net,W2[m,2:4]) * my#还原真实
  Y1 = c(Y1,y1)#记录测试集的预测结果
 M1 = c(M1,m)#记录测试集的下标
 NMSE0[i] = mean((w $ y[ - m] - y0)^2)/mean((w $ y[ - m] - mean(w $ y
[ - m]))^2)
 MAPE0[i] = mean(abs((w $ y[ - m] - y0)/y0))
 NMSE[i] = mean((w $ y[m] - y1)^2)/mean((w $ y[m] - mean(w $ y[m]))^2)
 MAPE[i] = mean(abs((w $ y[m] - y1)/y1))
}
(MMAPE0 = mean(MAPE0));(MNMSE0 = mean(NMSE0))
(MMAPE = mean(MAPE));(MNMSE = mean(NMSE))
YY = cbind(M1,Y1)
write. csv(YY,file = "C:/Users/Administrator/Desktop/BP3. csv")
```

参 考 文 献

1. 比特币：https：//zh. wikipedia. org/wiki/% E6% AF% 94% E7% 89% B9% E5% B8% 81。

2. 陈学彬、余辰俊、孙婧芳：《中国国际资本流入的影响因素实证分析》，载于《国际金融研究》2007 年第 12 期。

3. 陈瑾玫、徐振玲：《我国国际短期资本流动规模及其对宏观经济的影响研究》，载于《经济学家》2012 年第 10 期。

4. 陈浪南、陈云：《人民币汇率、资产价格与短期国际资本流动》，载于《经济管理》2009 年第 1 期。

5. 陈梦根、石峻骅：《中国统计发展报告（2016～2017）：统计预测未来之路》，中国社会科学出版社 2017 年版。

6. 陈梦根、王亚菲、石刚：《中国统计发展报告（2014）：开启中国统计的大时代》，中国社会科学出版社 2014 年版。

7. 陈怡、林春回：《我国国际服务贸易统计体系问题研究》，载于《华侨大学学报》（哲学社会科学版）2005 年第 4 期。

8. 陈之为、韩健、周国林：《国际收支统计的修订及对我国的影响》，载于《统计研究》2008 年第 6 期。

9. 丁志杰、郭凯、闫瑞明：《非均衡条件下人民币汇率预期性质研究》，载于《金融研究》2009 年第 12 期。

10. 董文泉等：《经济周期波动的分析与预测方法》，吉林大学出版社 1998 年版。

11. 杜金富：《国际金融统计制度比较》，中国金融出版社 2009 年版。

12. 冯彩：《我国短期国际资本流动影响因素分析——基于 1994～2007 年的实证研究》，载于《财经科学》2008 年第 6 期。

13. 弗朗索瓦·沙奈著、齐建华、胡国良译：《金融全球化》，中央编译出版社 2006 年版。

14. 高铁梅：《计量经济学分析方法与建模 EViews 使用及实例》，清华大学出版社 2006 年版。

15. 国家外汇管理局国际收支司：《诠释国际收支统计新标准》，中国经济出版社 2015 年版。

16. 国家外汇管理局国际收支分析小组：《2011 中国跨境资金流动监测报告》，中国金融出版社 2011 年版。

17. 国家统计局国际统计信息中心：《2005～2006 中国与世界经济发展回顾与展望》，中国统计出版社 2006 年版。

18. 国家外汇管理局：《中国国际收支平衡表数据诠释文件》，http：//www. safe. gov. cn/wps/portal/sy/tjsj_sjbz。

19. 国家外汇管理局网站：http：//www. safe. gov. cn/。

20. 国际货币基金组织（IMF）：《国际收支和国际投资头寸手册》第六版，2009 年。

21. 国际清算银行网站：http：//www. bis. org/statistics/index. htm。

22. 国际货币基金组织：http：//www. imf. org。

23. 户艳辉：《国际服务贸易统计的新进展》，载于《统计与决策》2014 年第 7 期。

24. 贾莲群：《中国短期国际资本流动的经济效应及其影响因素分析》，浙江工业大学硕士学位论文，2009 年。

25. 李翀：《短期资本流动的风险与我国资本项目的开放》，载于《长白学刊》2003 年第 1 期。

26. 李心丹、钟伟：《国际资本逃避理论及对我国的实证分析》，载于《统计研究》1998 年第 6 期。

27. 李庆云、田晓霞：《中国资本外逃规模的重新估算：1982～1999》，载于《金融研究》2000 年第 8 期。

28. 李慧勇：《真正的"热钱"有多少？——基于国际收支平衡表评估"热钱"规模》，载于《申银万国宏观经济深度报告》2011 年第 2 期。

29. 李晓峰：《中国资本外逃的理论与现实》，载于《管理世界》2000

年第 4 期。

30. 练泽锷：《我国短期国际资本流动：规模测算、影响因素及测算系统开发》，北京师范大学统计学专业硕士毕业论文，2015 年。

31. 刘立达：《中国国际资本流入的影响因素分析》，载于《金融研究》2007 年第 3 期。

32. 刘金花：《国际服务贸易壁垒的法律问题研究》，华东政法学院硕士学位论文，2004 年。

33. 刘仁伍等：《国际短期资本流动监管》，社会科学文献出版社 2008 年版。

34. 刘伟：《跨国公司的投资战略新趋势研究》，北京师范大学学士学位论文，2009 年。

35. 兰振华、陈玲：《中国短期国际资本流动规模测算及其影响因素的实证分析》，载于《金融经济》2008 年第 7 期。

36. 刘莉亚：《境外热钱是否推动了股市、房市的上涨——来自中国市场的证据》，载于《金融研究》2008 年第 10 期。

37. 刘姝威、石刚：《中国存货指数研究》，经济科学出版社 2008 年版。

38. 林松立：《我国历年热钱规模的测算及 10 年预测》，载于《国信证券宏观经济深度报告》2010 年第 4 期。

39. 吕光明、徐曼：《中国的短期国际资本流动——基于月度 VAR 模型的三重动因解析》，载于《国际金融研究》2012 年第 4 期。

40. 美联储网站：http：//www. federalreserve. gov。

41. 美国经济统计局网站：http：//www. bea. gov/international/concepts_methods. htm。

42. 曲凤杰：《中国短期资本流动状况及统计实证分析》，载于《经济研究参考》2006 年第 40 期。

43. 任惠：《中国资本外逃的规模测算和对策分析》，载于《经济研究》2001 年第 11 期。

44. 宋文兵：《中国的资本外逃问题研究：1987~1997》，载于《经济研究》1999 年第 5 期。

45. 宋勃、高波：《国际资本流动对房地产价格的影响——基于我国的实证检验（1998～2006 年）》，载于《财经问题研究》2007 年第 3 期。

46. 石刚：《我国统计数据质量管理信息系统的设计》，课题研究报告，2014 年 6 月。

47. 石刚："第八章　时间序列分析"，引自潘省初主编《计量经济学中级教程》，清华大学出版社 2009 年版。

48. 石刚："第五章　国民经济动态统计"，引自邱东主编《国民经济统计学》，高等教育出版社 2011 年版。

49. 石刚等：《季节调整中的移动假日调整方法研究》，中国统计出版社 2014 年版。

50. 石刚、张少峰等：《北京市经济走势分析》，北京市统计局研究报告，2004 年。

51. 石刚、张少峰等：《上海市宏观经济景气分析》，人民银行上海总部研究报告，2006 年。

52. 石刚、王琛伟：《中国短期国际资本流动的测算——基于 BOP 表》，载于《宏观经济研究》2014 年第 3 期。

53. 石刚、张少峰等：《中国轻工业信息中心数据库管理信息系统项目建议书》，2007 年 6 月。

54. 史晶：《关于国际服务贸易统计体系的研究》，东北财经大学硕士学位论文，2007 年。

55. 唐珏岚：《发展中国家的资本外逃》，上海社会科学院博士学位论文，2006 年。

56. 唐旭：《信用体系建设需要政府、社会与金融机构共同合作》，载于《济南金融》2007 年第 12 期。

57. 王世华、何帆：《中国的短期国际资本流动：现状、流动途径和影响因素》，载于《世界经济》2007 年第 7 期。

58. 王信：《90 年代以来我国短期资本流动的变化》，载于《国际金融研究》2005 年第 12 期。

59. 汪洋：《1994 年以来中国的资本流动研究》，载于《国际金融研究》2004 年第 6 期。

60. 汪洋：《中国的热钱：分析视角与行为异常》，引自庄宗、明何帆主编《后危机时期的世界经济与中国》，中国世界经济学会，2010 年 10 月。

61. 吴文斌、王琳娜、王昭：《构建理想的国际收支统计体系》，载于《外汇管理》2016 年第 1 期。

62. 谢国忠：《"食利一族"吮吸全球经济"果汁"》，载于《经济展望》2005 年第 6 期。

63. 修晶、张明：《中国资本外逃的规模测算与因素分析》，载于《世界经济文汇》2002 年第 1 期。

64. 薛洁：《BOP 统计与 FATS 统计的比较研究》，载于《统计与决策》2012 年第 6 期。

65. 徐高：《中国的资本外逃：对 1999 年到 2006 年月度数据的分析》，北京大学中国经济研究中心讨论稿系列，2007 年，No. C2007005。

66. 严启发：《中国 2000 年以来的资本非正常外流：形势与评论》，载于《国际贸易》2010 年第 12 期。

67. 杨长江、姜波克：《国际金融学》（第四版），高等教育出版社 2014 年版。

68. 杨胜刚、刘宗华：《资本外逃与中国的现实选择》，载于《金融研究》2000 年第 2 期。

69. 杨海珍、陈金贤：《中国资本外逃：估计与国际比较》，载于《世界经济》2000 年第 1 期。

70. 杨海珍等：《国际资本流动特点与趋势》，载于《中国金融》2012 年第 2 期。

71. 袁良胜：《国际资本流动方式及其渠道》，载于《国际商务·对外经济贸易大学学报》2005 年第 6 期。

72. 尹宇明、陶海波：《热钱规模及其影响》，载于《财经科学》2005 年第 6 期。

73. 余姗萍、张文熙：《国非 FDI 资本流入的易变性测度》，载于《东南大学学报》（哲学社会科学版）2008 年第 5 期。

74. 张斌：《人民币升值预期　短期资本流动及其影响》，载于《国际金融》2010 年第 4 期。

75. 张明：《当前热钱流入中国的规模与渠道》，载于《国际金融》

2008 年第 7 期。

76. 张明:《中国面临的短期国际资本流动:不同方法与口径的规模测算》,载于《世界经济》2011 年第 2 期。

77. 张明、徐以升:《全口径测算中国当前的热钱规模》,载于《当代亚太》2008 年第 4 期。

78. 张明、肖立晟:《国际资本流动的驱动因素:新兴市场与发达经济体的比较》,载于《世界经济》2014 年第 8 期。

79. 张南:《资金循环分析的理论与实践》,北京大学出版社 2014 年版。

80. 张谊浩、沈晓华:《人民币升值、股价上涨和热钱流入关系的实证研究》,载于《金融研究》2008 年第 11 期。

81. 张友生:《系统分析师之路》,电子工业出版社 2006 年版。

82. 张旭、卢百魁:《非法交易对国际收支平衡表影响的会计学分析》,载于《华北大学学报》2006 年第 7 期。

83. 赵文胜等:《短期国际资本流动对中国市场变化的反应分析》,载于《数量经济技术经济研究》2011 年第 3 期。

84. 周海净:《国际服务贸易统计手册 2010(MSITS2010)结构研究》,东北财经大学硕士学位论文,2012 年。

85. 周晓东、徐晓岭、雷平:《完善我国 BOP 统计的对策》,载于《统计与决策》2007 年第 21 期。

86. 朱孟楠、刘林:《短期国际资本流动、汇率与资产价格——基于汇改后数据的实证研究》,载于《财贸经济》2010 年第 5 期。

87. 朱孟楠:《国际金融学》,厦门大学出版社 2013 年版。

88. Adam Smith. *Wealth of Nations*. Campbell, 1991: 74 – 126.

89. A. Yasemin Yalta and A. Talha Yalta (2012). Does Financial Liberalization Decrease Capital Flight? A Panel Causality Analysis, *International Review of Economics and Finance*, 22, 92 – 100.

90. Aghion, Philippe, Bacchetta, Philippe, Banerjee, Abhijit, (2004). Financial Development and the Instability of Open Economies. *Journal of Monetary Economics*, 51 (6), 1077 – 1106.

91. Agosin, M. R., & Huaita, F. (2012). Overreaction in Capital Flows

to Emerging Markets: Booms and Sudden Stops. *Journal of International Money and Finance*, 31, 1140 – 1155.

92. Aguiar, Mark, Gopinath, Gita (2007). Emerging Market Business Cycles: theCycle Is the Trend. *Journal of Political Economy*, 115 (1), 69 – 102.

93. Babecký, J., et al. (2014). Banking, Debt, and Currency Crises in Developed Countries: Stylized Facts and Early Warning Indicators. *Journal of Financial Stability*, 15, 1 – 17.

94. Bacchetta, Philippe and Kenza Benhima, (2010). *The Demand for Liquid Assets and International Capital Flows.* Unpublished Mimeo.

95. Bhagwati J. (1964) The Pure Theory of International Trade: A survey. *The Economic Journal*, Vol. 74, No. 293.

96. Bhagwati J, Krueger A, Wibulswasdi C. (1974) Capital Flight From LDCs: A Statistical Analysis. Illegal Transactions In International Trade (Ed.) JN Bhagwati, North Holland, and Amsterdam.

97. Blanchard, Olivier, Das, Mitali, Faruqee, Hamid (2010). The Initial Impact of the Crisis on Emerging Market Countries. Brookings Papers on Economic Activity 263 – 307 (Spring).

98. Boyce, J. K., & Ndikumana, L. (2001). Is Africa a Net Creditor? New Estimates of Capital Flight From Severely Indebted Sub – Saharan African Countries, 1970 – 96. *Journal of Development Studies*, 38, 27 – 56.

99. Broner, Fernando, Tatiana Didier, Aitor Erçe, and Sergio Schmukler (2010). Financial Crises and International Portfolio Dynamics. Mimeo.

100. Broner, F., Lorenzoni, G., & Schmukler, S. (2013). Why Do Emerging Economies Borrow Short Term? *Journal of the European Economic Association*, 11 (s1), 67 – 100.

101. Brown, B. (1992). Capital flight. In P. Newman, M. Milgate, & J. Eatwell (Eds.), *The New Palgrave Dictionary of Money and Finance*, vol. 1, (pp. 294 – 296). New York: Stockton Press.

102. Brunnermeier, Markus (2009). Deciphering the Liquidity and Credit

Crunch 2007 – 8. *The Journal of Economic Perspectives*, 23 (1), 77 – 100.

103. Calderón, C., & Kubota, M. (2013). Sudden Stops: Are Global and Local Investors Alike? *Journal of International Economics*, 89 (1), 122 – 142.

104. Candelon, B., Dumitrescu EI., & Hurlin, C. (2014). Currency Crisis Early Warning Systems: Why They Should Be Dynamic. *International Journal of Forecasting*, 30, 1016 – 1029.

105. Cavallo, E., Powell, A., Pedemonte, M., & Tavella, P. (2015). A New Taxonomy of Sudden Stops: Which Sudden Stops Should Countries Be Most Concerned About? *Journal of International Money and Finance*, 51, 47 – 70.

106. Cerra, V., Rishi, M., & Saxean, S. C. (2008). Robbing the Riches: Capital Flight, Institutions and Debts. *Journal of Development Studies*, 44 (8), 1190 – 1213.

107. C. A. Sims (1980). *Macroeconomics and Reality*, *Econometrica*, 48: 1 – 48. Reprinted in Granger, C. W. J. (ed), Modelling Economic Series. Oxford: Clarendon Press. 1990.

108. Chuban, P. Perez – Quiros, G. And Poper H. (1996). International Capital Flows: Do Short-term Investment and Direct Investment Differ. The World Bank Policy Research Working Paper No. 1669, pp. 136 – 168.

109. Claessens, (1993). Alternatives Forms of External Finance: A Survey. The World Bank Research Observer, Vol. 8, No. 1.

110. Cline, William (1987). Discussion in Donald Lessard and John Williamson eds., Capital Flight and Third World Debt (of Chapter 3), Institute for International Economics, Washington D. C.

111. Cuddington & John (1986). Capital Flight: Estimates, Issues and Explanations. *Princeton Studies in International Finance*, No. 58, December.

112. Dornbusch, R., Goldfajn, I., & Valdés, R. (1995). Currency Crises and Collapses. *Brooking Papers on Economic Activity*, 2, 219 – 270.

113. Dooley & Michael (1986). Country – Specific Risk Premiums, Cap-

ital Flight and Net Investment Income Payments in Selected Developing Countries. IMF Departmental Memorandum, No. 86 /17.

114. Dungey, M. , R. Fry, B. Gonzalez – Hermosillo, and V. L. Martin (2011). *Transmission of Financial Crises and Contagion: A Latent Factor Approach.* Oxford University Press.

115. EViews 6 Users Guide I (2007). Quantitative Micro Software, LLC.

116. Epstein, G. A. (2005). *Capital Flight and Capital Controls in Developing Countries.* Northampton: Edward Elgar Publishing Ltd.

117. Fernandez – Arias, Eduardo (1996). The New Wave of Private Capital Inflows: Push or Pull? *Journal of Development Economics* 48 (2), 389 – 418.

118. Fichtner, F. , Rüffer, R. , & Schnatz, B. (2011). The Forecasting Performance of Composite Leading Indicators: Does Globalisation Matter? *Journal of Business Cycle Measurement and Analysis,* 1, 55 – 72.

119. Findley, D. F. , et al. (1998). New Capabilities and Methods of the X – 12 – ARIMA Seasonal Adjustment Program. *Journal of Business and Economic Statistics,* 16, 127 – 177.

120. Forbes, K. , & Warnock, F. (2012). Capital Flow Waves: Surges, Stops, Flight and Retrenchment. *Journal of International Economics,* 88 (2), 235 – 251.

121. Förster, M. , Jorra, M. , & Tillmann, P. (2014). The Dynamics of International Capital Flows: Results from a Dynamic Hierarchical Factor Model. *Journal of International Money and Finance,* 48, 101 – 124.

122. Fulop, G. and Gyomai, G. (2012). Transition of the OECD CLI System to a GDP-based Business Cycle Target. OECD Working Paper, 2012/03, 1 – 9. Retrieved from http://www. oecd. org/std/leading-indicators/49985449. pdf.

123. Gallegati (2014). Making Leading Indicators More Leading: A Wavelet-based Method for the Construction of Composite Leading. OECD Journal: *Journal of Business Cycle Measurement and Analysis,* Vol. 2014/1, 1 – 21.

http：//dx. doi. org/10. 1787/jbcma – 2014 – 5jxx56gqmhf1.

124. Giannetti & Mariassunta （2007）. Financial Liberalization and Banking Crises：the Role of Capital Inflows and Lack of Transparency. *Journal of Financial Intermediation*, 16 （1）, 32 – 63.

125. Gourinchas, P. , & Rey, H. （2007）. International Financial Adjustment. *Journal of Political Economy*, 115, 665 – 703.

126. Gunter, F. R. （1996）. Capital Flight from the People's Republic of China：1984 – 1994. *China Economic Review*, 7 （1）, 77 – 96.

127. Gunter, F. R. （2004）. Capital Flight from the People's Republic of China：1984 – 2001. *China Economic Review*, 15, 63 – 85.

128. Hamilton, J. D. & Perez – Quiros, G. （1996）. What Do the Leading Indicators Lead? *The Journal of Business*, 69 （1）, 27 – 49.

129. He, Y. X. , et al. （2013）. Correlation Between Chinese and International Energy Prices Based on a HP Filter and Time Difference Analysis. *Energy Policy*, 62, 898 – 909.

130. Hodrick, R. J. , & Prescott, E. C. （1997）. Postwar U. S. Business Cycles：An Empirical Investigation. *Journal of Money*, *Credit*, *and Banking*, 29 （1）, 1 – 16.

131. Kant and Chander （1996）. Foreign Direct Investment and Capital Flight. *Princeton Studies in International Finance*, No. 80, March.

132. Kraay, A. , Loayza, N. , Servén, L. , & Ventura, J. （2005）. Country Portfolios. *Journal of the European Economic Association*, 3, 914 – 945.

133. Kullback, S. , & Leibler, R. A. （1951）. On Information and Sufficiency. *Annals of Mathematical Statistics*, 22, 79 – 86.

134. Lainà, P. , Nyholm, J. , & Sarlin, P. （2015）. Leading Indicators of Systemic Banking Crises：Finland in a Panel of EU Countries. *Review of Financial Economics*, 24, 18 – 35.

135. Lane, P. , & Milesi – Ferretti, G. （2007）. The External Wealth of Nations Mark II：Revised and Extended Estimates of Foreign Assets and Liabilities, 1970 – 2004. *Journal of International Economics*, 73, 223 – 250.

136. Lessard, D. R. , & Williamson, J. (1987). Capital Flight and Third World Debt. Washington DC：Institute for International Economics.

137. Lensink, R. , Hermes, N. , & Murinde, V. (2002). Flight Capital and Its Reversal for Development Financing. Discussion paper, No. 99. ： United Nations University, WIDER.

138. Levchenko, A. , & Mauro, P. (2007). Do Some Forms of Financial Flows Protect from Sudden Stops? *World Bank Economic Review*, 21, 389 – 411.

139. Li, M. , & Qiu, J. F. (2012). Speculative Capital Inflows, Adaptive Expectations, and the Optimal Renminbi Appreciation Policy. *China Economic Review*, 22 (6), 6 – 28.

140. Mendoza, E. (2010). Sudden Stops, Financial Crises, and Leverage. *American Economic Review*, 100 (5), 1941 – 1966.

141. Mendoza Enrique, Terrones, Marco (2008). An Anatomy of Credit Booms：Evidence From Macro Aggregates and Micro Data. NBER Working Paper #14049.

142. Michaelson, Lauric (2010). Hot Money Flow in China：A Look at the Rapport between International Capital Flows and the Business Cycle. The Conference Board China Center, August 9.

143. Moghadam, M. , Dilts, D. , & Samavati, H. (2003). An Analysis of Capital Flight from East Asian Emerging Markets：Paradise Lost. *Journal of Asia Pacific Business*, 1, 33 – 49.

144. Marcel Fratzscher (2012). Capital Flows, Push Versus Pull Factors and the Global Financial Crisis, *Journal of International Economics*, 88, 341 – 356.

145. Milesi – Ferretti, Gian Maria and Cédric Tille (2010). The Great Retrenchment：International Capital Flows during the Global Financial Crisis. Mimeo.

146. Morgan Guaranty Trust Company (1986) LDC Capital Flight, World Financial Markets, March.

147. Mendoza, Enrique, Quadrini, Vincenzo, Rios – Rull, Jose Victor (2009). Financial Integration, Financial Development and Global Imbalances. *Journal of Political Economy* 117 (3), 371 – 416.

148. Nilsson, R. & Guidetti, E. (2007). Current Period Performance of OECD Composite Leading Indicators (CLIs): Revision Analysis of CLIs for OECD Member countries. OECD Statistics Working Paper, 2007/01, 1 – 50. OECD Publishing. http://dx. doi. org/10. 1787/117868214158

149. Obstfeld, M. (2012). Financial Flows, Financial Crises, and Global Imbalances. *Journal of International Money and Finance*, 31 (3), 469 – 480.

150. Peter H. Lindert, Charles Poor Kindleberger, (1982). International Economics. Richard D. Irwin, Inc.

151. Prasad, E. & Wei, S. – J. (2005) The Chinese Approach to Capital Inflows: Patterns and Possible Explanations. IMF Working Paper No. 05/79.

152. Qing, I. , Makio, I. , & Harashiro, K. (1982). *Information Statistics*. Kyoritsu Press of Japan, 27 – 33.

153. Ravn, M. O. and Uhlig, H. (2002). On Adjusting the Hodrick – Prescott Filter for the Frequency of Observations. *Review of Economics and Statistics*, 84, 371 – 375.

154. Rodrik D, Velasco A. (1999). Short-term Capital Flows. National Bureau of Economic Research Working paper, No7346.

155. Rothenberg, A. , & Warnock, F. (2011). Sudden Flight and True Sudden Stops. *Review of International Economics*, 19 (3), 509 – 524.

156. Rua, A. , & Nunes, L. C. (2005). Coincident and Leading Indicators for the Euro Area: A Frequency Band Approach. *International Journal of Forecasting*, 21, 503 – 523.

157. Schneider, B. (2003). Measuring Capital Flight: Estimates and Interpretations. Working paper 194: Overseas Development Institute.

158. Shi, G. , & Lian, Z. E. (2014). The Calculation of Chinese Short – Term International Capital Flow: Based on BOP. *International Journal of Eco-*

nomics and Finance, 6, 103 – 117.

159. Shi, J. (2018). Remeasurement of Short-term International Capital Flows and Its Application: Evidence from China. *Singapore Economic Review*, 2018, DOI: 10. 1142/S0217590818500157.

160. Transactions in Long – Term Securities Other Than U. S. Treasury Securities: https://www. bea. gov.

161. T, & Riera – Crichton, D. (2013). International Gross Capital Flows: New Uses of Balance of Payments Data and Application to Financial Crises, *Journal of Policy Modeling*, 35 (1): 16 – 28.

162. World Bank (1985). World Development Report, Washington D. C.

163. Yalta, A. Y. (2010). Effect of Capital Flight on Investment: Evidence from Emerging Markets. *Emerging Markets Finance and Trade*, 46, 40 – 54.

164. Zhao, Y. , Haan, J. , Scholtens, B. , & Yang H. Z. (2014). Sudden Stops and Currency Crashes. *Review of International Economics*, 22 (4), 660 – 685.

后　　记

　　本书的初稿完成于 2015 年 11 月，当时我正在 UBC 大学统计系访问，因为之前与我所在学院有约，所以当时花费了大量宝贵时间赶稿子，但后来由于种种客观原因，一直拖到现在。其中 2016 年 8 月对初稿做了第一次修订，完善了很多细节；2017 年 1 月对稿子做了第二次修订，补充了第 8 章的内容；2018 年 3 月，对稿子做了第三次修订，补充了第 2 章的内容。"塞翁失马，焉知非福"，虽然此书的出版一拖再拖，但还好，这个"失"的过程也正是此书不断完善和丰满的过程。

　　在此书写作过程中得到了中央高校基本科研业务费专项资金资助，同时得到了经济科学出版社的大力支持，这里表示感谢。还要特别感谢出版社的编辑孙丽丽同志，在本书的编辑和校对过程中，她做了大量细致而深入的工作，使本书润色不少。

　　还要感谢我的学生练泽锷、周妮文、曾淑娴、闫冷非、邵雨晨，他们参加了我组织的无数次小组讨论，很多观点和思路，都是在讨论中与他们碰撞而得或自言自语而得。

　　最后还想借此机会向我的家人表示感谢，没有他们一直以来的信任和支持，此书也难以在 2018 年最终完稿。还要特别感谢我的妈妈、我的爱人和我的女儿，是她们在我内心处于低谷的时候给了我持续向上的原动力。感谢我的岳父岳母，是他们多年如一日的辛苦而细心地帮我照顾小孩，才使我有时间对本书做大量的修订和完善工作。最后，要特别感谢我的女儿天蓝，如脸书（Facebook）首席运营官桑德伯格所言，孩子的笑容也是一种财富，女儿天蓝天真烂漫的笑容给了我太多：年轻、向上、快乐、希望……

　　当然，此书还可能存在着种种不足，期待着读者们的批评与反馈，恳请将您的宝贵意见发送到 jingjiszh@ sohu. com。